魏成富 朱兴杰 黎毅 等 著

基于社会资本方的PPP项目融资研究

——以SJ公司为例

PPP Project Financing Based on the Consideration of Social Capital

——A Case Study of SJ Company

东北财经大学出版社
Dongbei University of Finance & Economics Press
大连

图书在版编目（CIP）数据

基于社会资本方的PPP项目融资研究：以SJ公司为例 / 魏成富，朱兴杰，黎毅等著．—大连：东北财经大学出版社，2020.12

ISBN 978-7-5654-4023-6

Ⅰ．基…　Ⅱ．①魏…②朱…③黎…　Ⅲ．政府投资-合作-社会资本-融资-研究　Ⅳ．①F830.59②F014.39

中国版本图书馆CIP数据核字（2020）第217081号

东北财经大学出版社出版

（大连市黑石礁尖山街217号　邮政编码　116025）

网　　址：http：//www.dufep.cn

读者信箱：dufep@dufe.edu.cn

大连图腾彩色印刷有限公司印刷　东北财经大学出版社发行

幅面尺寸：185mm×260mm　字数：178千字　印张：14.75

2020年12月第1版　2020年12月第1次印刷

责任编辑：王　莹　周　慧　责任校对：慧　心

封面设计：冀贵收　版式设计：冀贵收

定价：40.00元

教学支持　售后服务　联系电话：（0411）84710309

如有印装质量问题，请联系营销部：（0411）84710711

撰写人员名单

组　长：

魏成富　中国中铁四局集团有限公司

朱兴杰　中国中铁四局集团有限公司

黎　毅　华东交通大学

主要成员：

杨恩吾　中国中铁四局集团有限公司

李中元　中国中铁四局集团有限公司

邢伟健　中车青岛四方机车车辆股份有限公司

夏　甜　安徽海螺水泥股份有限公司

付红雷　中国中铁四局集团有限公司

钟　威　中国中铁四局集团有限公司

蒋晓东　北京思源时代科技有限公司

朱　宁　中国中铁四局集团有限公司

吴新运　中国中铁四局集团有限公司

郝宗俊　中国中铁四局集团有限公司

程周华　中国中铁四局集团有限公司

刘敬良　中国中铁四局集团有限公司

余洋洋　中国中铁四局集团有限公司

金　亚　中国中铁四局集团有限公司

叶　健　中国中铁四局集团有限公司

王雅菲　中国中铁四局集团有限公司

Preface

前言

当前，随着我国经济增速放缓，政府债务压力持续上升，PPP作为一种新型项目运作模式，不仅可以撬动社会资本，减轻政府财政支出压力，还能创新公共产品供给体系，现已在国内推广运用。PPP项目融资方案主要包括股权融资和债务融资，由于PPP项目期限长、不确定性因素较多，而传统银行贷款和项目债则期限较短、杠杆率较高，导致PPP项目融资成本增加，难以满足融资实际需求。因此，PPP项目融资模式逐步向股权融资靠拢，在这种情况下，变相融资、兜底回报、明股实债等伪PPP项目相继出现。2017年11月21日，《关于加强中央企业PPP业务风险管控的通知》（国资发财管〔2017〕192号）要求央企不得引入“明股实债”类股权资金进行PPP项目融资。2018年3月28日，《关于规范金融企业对地方政府和国有企业投融资行为有关问题的通知》（财金〔2018〕23号文）要求金融企业不得对“明股实债”和“股东借款”的PPP项目提供融资支持，并对以债务性资金充当项目资本金的情况做出了详细的规定。在此情况下，PPP融资出现了股权融资和债务融资的双重困境。

基于上述背景，全书在文献回顾和理论研究的基础上，以SJ公司为研究对象，运用实地调研、案例研究和问卷调查等方法，对SJ公司PPP项目融资的现状、问题及对策进行研究。

股权融资方面，研究发现SJ公司面临资产负债率的监管压力，在开展PPP业务时倾向采用表外运作模式。为此，SJ公司在2017年年初设计出“SJ公司+政府+产业基金”“SJ公司+政府+信托计划”的PPP项目资本金表外融资模式，产生了代持股和资本金债务化问题。随着2017年年底和2018年国家PPP新政的出台，SJ公司开始变更原先的PPP项目资本金融资模式。一方面，SJ公司以自有资金替换产业基金和信托计划，形成了“SJ公司”和“SJ公司+政府”的表内融资模式；另一方面，SJ公司为替换产业基金，又在部分项目中引入财务投资人，形成了“SJ公司+政府+财务投资人”和“SJ公司+政府”的表外融资模式。但是，SJ公司PPP项目资本金融资模式变更后，部分PPP项目公司被纳入自身财务报表合并范围，对SJ公司的资产负债率、资金占用规模和PPP项目投资潜力产生了负面影响。同时，部分PPP项目的代持股和资本金债务化问题趋于隐蔽，项目仍面临合规风险。对此，SJ公司可以发行永续债，并于运营期开展PPP项目资产证券化，进一步优化变更后的项目资本金融资模式，最大程度缓解PPP项目资本金融资模式变更所带来的负面影响。

债务融资方面，SJ公司PPP项目主要采用银行贷款方式，存在资金来源单一和落地难的问题。全书通过问卷调查的方式，对PPP项目债务融资的融资风险、增信措施、融资渠道和融资成本四个方面深入分析，得出宏观环境、增信能力、渠道优劣性和项目特质四大类债务融资影响因素。根据实证分析，宏观环境和项目特质因素对融资风险有交叉影响，以项目特质因素影响更为显著，而其中又以项目质量、成本主体失控和项目需求错配为主要驱动因素；增信能力和渠道优劣性因素会对PPP项目增信措施产生影响，以渠道优劣性影响更为显著，其中又以渠道评估、贷款依赖程度和渠道时间错配为主要驱动因素；增信能力、渠道优劣性和项目特质对融资渠道产生交叉影响，以项目特质和增信能力影响更为显著，增信能力中又以信用评价体系、贷款条件和贷款审批流程为主要驱动因素；宏观环境和项目特质因素对融资成本存在交叉影响，以宏观环境影响更为显著，其中又以政策多变性、银行贷款利率和风险分担政策为主要驱动因素。

最后，结合以上分析结果给出对策建议：（1）针对PPP项目融资风险问题，项目前期应有效缓解政策风险和合规性风险；建设期应合理降低信用风险和正确规避市场风险；运营期应优化管理利益相关方违约风险并完善PPP项目风险分担机制建设。（2）针对PPP项目增信措施问题，项目前期应有效控制增信主体错配、改善项目增信能力；建设期应提高各投资方增信意愿、扩展增信方式；运营期应优化增信流程，提高未来现金流。（3）针对PPP项目融资渠道问题，项目前期应优化融资渠道环境并引入合理的渠道评估方法；建设期应拓宽债务融资渠道、弱化贷款依赖程度；运营期应加强金融机构参与度并优化渠道匹配度。（4）针对PPP项目融资成本问题，项目前期应做好项目的选择，提高项目质量，做好财政能力评估；建设期应推动利率市场化，优化金融延伸服务；运营期应引入PPP其他债务融资模式，规范融资规模控制。

在本书的编写过程中，魏成富、朱兴杰和黎毅承担了主要编写工作，杨恩吾、李中元、邢伟健、夏甜、付红雷、钟威、蒋晓东、朱宁、吴新运、郝宗俊、程周华、刘敬良、余洋洋、金亚、叶健、王雅菲参与了资料整理、数据采集与分析、部分章节的撰写等工作。

由于水平有限，书中难免有疏漏和不足之处，敬请广大读者批评指正。

作者

2020年8月

Contents

目录

目录

Contents

第1章 绪论

1.1 研究背景和意义

1.1.1 研究背景

为缓解政府财政支出压力，拓宽公共基础设施项目的投融资渠道，财政部自2014年开始推广PPP模式。PPP模式属于一种特殊的项目融资模式，社会资本方需要组织设立PPP项目公司，通过项目公司间接开展PPP项目活动。项目公司成为社会资本方PPP项目运作的平台，存在权益和债务两类融资需求。一旦社会资本方将项目公司纳入报表合并范围，将会对自身的资产负债情况产生负面影响。因此，社会资本方为提高投资效率，避免项目公司并表，曾经以债务性资金充当权益融资。权益融资在实务中表现为项目资本金融资，根据《关于加强固定资产投资项目资本金管理的通知》（国发〔2019〕26号文）的要求，目前PPP项目资本金比例通常不得低于项目合同价的20%。在PPP项目资本金融资方面，社会资本方需要在投标前针对PPP项目设计出具体的资本金融资模式，并在中标后落实出资责任。而项目资本金融资模式不仅涉及出资主体，还关系到项目公司的控制权和项目债权人的资金安全，是社会资本方在PPP项目中面临的首要难题，与项目落地直接相关，决定着项目运作的成败。

在国内PPP项目实际运作中，国有建筑施工企业基于“以投资带动主业”的考量，普遍以社会资本方的身份参与PPP项目。但是，PPP项目的投资总额较高，项目公司除了吸收各参与方投入的资本金外，还需要向金融机构借入大量资金，导致项目公司财务杠杆较高。如果社会资本方将项目公司纳入合并财务报表，社会资本方的长期股权投资与项目公司的所有者权益类科目抵销，项目公司的长期和短期借款则会全部并入社会资本方的资产负债表，可能会推高社会资本方的资产负债率。而在“去杠杆”的宏观背景下，SJ公司面临着国资委资产负债率的管控压力，存在PPP项目表外运作的现实需求。为此，2017年之前，SJ公司普遍在PPP项目中引入产业基金和信托计划。为规范PPP业务，财政部于2017年年底发布《关于规范PPP综合信息平台项目库管理的通知》（财办金〔2017〕92号文），不允许PPP项目参与方将债务性资金作为资本金，并将违规运作的PPP项目清除出库。随后，国资委、财政部又连续发布一系列有关PPP的政策文件，要求金融机构加强对PPP项目资本金的核查，禁止采用不符合规范要求的PPP项目资本金融资模式。财政部数据显示，截至2020年6月30日，全国已清退PPP项目2 958个，清退项目总规模达3.6万亿元①。在国家加强对PPP项目投融资监管的背景下，SJ公司开始变更PPP项目资本金融资模式，融资重点从以股权融资为主转变为股权融资和债务融资并重。

鉴于以上原因，PPP项目融资模式的发展和优化已迫在眉睫，只有完善PPP项目融资的相关问题，PPP才能在当前紧迫的局势下破茧

① 资料来源：财政部政府和社会资本合作中心，https：//www.cpppc.org/ptgg.jhtml。

成蝶。SJ公司作为系统内标杆企业，多年来的优秀业绩在系统内众多公司中脱颖而出，成为我国施工企业中的佼佼者。该公司凭借自身优势承接了涵盖数十个行业的众多大型PPP项目，但其本身也面临着PPP业务资金筹措与资产负债管控的相关问题。因此，全书将以SJ公司为例，遵循“发现问题→分析问题→解决问题”的逻辑思路，探究一条PPP业务可持续发展的融资途径，以期形成具有可复制性的融资对策及建议，并对其他同类企业提供有借鉴意义的问题解决思路。

1.1.2 理论意义

(1) 资本金融资研究的理论意义

由于我国PPP业务起步较晚，目前仍处于规范发展阶段，PPP项目资本金融资模式属于社会资本方的内部机密，因此学术界尚未对PPP项目资本金融资模式进行系统性研究。而现有的研究主要以定性研究为主，缺乏具体的数据和案例支撑，理论说服力有待进一步增强。因此，全书采用案例研究法，希望通过研究PPP项目资本金融资模式的发展历程，分析出PPP项目资本金融资模式变化对社会资本方的影响，梳理社会资本方参与PPP项目的现实需求和政策规范的要求，进而提出可行的意见和建议。对PPP项目资本金融资模式变化历程进行研究，有利于形成连贯的研究成果，完善现有的理论研究框架。

(2) 债务资金融资研究的理论意义

目前，学术界对PPP项目债务融资的相关问题及影响因素均有一定的研究，但总体而言，仍停留在理论层面，为数不多的结合案例的研究也仅停留在简单描述上，鲜有用数据说明及定量分析。全书基于众多国内外参考文献，结合SJ公司PPP项目债务融资的实际情况，并通过对PPP项目专家进行访谈和发放问卷调查表的形式获得数据，利用SPSS

软件对数据进行信度和效度分析，总结当前PPP项目债务融资主要存在的问题及相应的影响因素，通过AMOS软件引入结构方程模型对调查数据进行深入分析，希望能够挖掘当前PPP项目债务融资存在的主要问题及背后深层次的原因，并提出具有可操作性的建议。

1.1.3 现实意义

（1）资本金融资的现实意义

全书通过研究SJ公司PPP项目资本金融资模式的发展历程，发现国有建筑施工企业面临资产负债率的管控要求，国有建筑施工企业存在PPP项目表外运作的现实需求，并基于此设计出PPP项目资本金表外融资模式。为适应宏观政策变化，SJ公司积极应对，加强与各相关方沟通、交流，不断调整、优化PPP项目资本金融资模式。在此背景下，全书针对SJ公司PPP项目资本金融资模式的变化，提出合理的对策，不仅能够缓解SJ公司面临的资金压力，还有利于解决以SJ公司为代表的国有建筑施工企业共同面临的项目资本金融资难题，旨在推动PPP业务健康、可持续发展。

（2）债务资金融资的现实意义

全书站在社会资本方的角度，结合SJ公司PPP项目的实际情况和专家团队的宝贵意见，通过问卷调查和专家采访的方式对SJ公司PPP项目债务融资目前存在的融资风险、增信措施、融资渠道和融资成本四大问题进行初步数据采集，以此为基础通过AMOS软件深入研究相关问题的具体影响因素，并对PPP项目全生命周期债务融资提供可操作的对策建议，为PPP项目全生命周期债务融资提供思路，促进PPP项目在我国基础设施建设市场上稳健发展。

1.2 文献综述

1.2.1 PPP项目资本金融资的文献回顾

（1）PPP项目资本金出资主体的研究

林华（2016）认为PPP项目资本金的出资主体必然包括社会资本方，社会资本方既可以是单一企业，也可以是多家企业组建的联合体；尽管政策没有强制要求政府方出资，不过政府方仍然普遍参与PPP项目资本金出资。Darrin 和 Mervyn（2007）、Beeferman（2008）发现在项目初期的高风险阶段，政府为降低私人部门的PPP项目风险感知度，通过认购公私合作基础设施项目的股权来帮助其获得项目融资，共同组建合资公司。Shashank（2017）从印度电子政务类PPP项目的融资管理策略出发，认为在缺乏完全财务可持续性模型的情况下，可以使用PFI等其他变体，政府需要向PPP项目公司注入股权资金。而具体到政府方出资代表来看，魏加威等（2017）发现政府会专门设立PPP项目投融资平台，与社会资本方共同参与项目资本金出资。孙旭东等（2018）、吴建忠等（2018）发现地方政府通常委托当地的国有投资公司作为出资代表，代替政府参与PPP项目资本金融资，与社会资本方共同成立项目公司。

而社会资本方作为PPP项目的主要参与方，是项目资本金的重要出资主体，社会资本方内部的组织结构和交易结构更为复杂，学者们也对其展开了相应的研究。其中，Stewart 和 Dexter（2016）认为PPP项目的股权资金通常由组成SPC的私营部门合作伙伴（包括建筑公司和设施管理公司）提供。赵双剑和林木西（2018）发现我国PPP项目的社会资本方通常由施工企业、项目设计机构和项目运营商组成，且社会资本方普遍具备国有属性。当建筑商中标PPP项目后，通常会邀请金融资本共同参与PPP项目资本金出资。Barbara和Hans（2016）则将社会资本方分为战略投资者和财务投资人，其中战略投资者能够发挥专业特长，寻求PPP项目的长期利益最大化。

（2）PPP项目资本金融资模式及其设计目标的研究

①PPP项目资本金融资模式的设计目标

Mircea和Gabriela（2015）认为PPP项目资本金融资模式通常由社会资本方设计，社会资本方会考虑自身的资金状况和投资需求，尽可能设计出符合社会资本方利益的项目资本金融资模式。Raymond和Kent（2016）对澳大利亚近30年的PPP项目进行研究，发现不同的社会资本方在企业性质、资金状况、政策环境等方面存在重大差异，导致PPP项目资本金融资模式的设计目标不尽相同。谢玉梅等（2018）基于国内PPP项目中标数据的研究，发现建筑施工类央企已经成为PPP项目最重要的社会资本方，该类公司中标的PPP项目规模占市场总成交规模的五成。但是，PPP项目投资规模较高，会给建筑施工类央企带来大量有息负债，进而影响建筑施工类央企的资产质量和投资效益。姜威（2017）和袁世喆（2018）从PPP项目资本金融资工具的视角出发，发现建筑施工类央企存在资产负债率考核的要求，需要规避PPP项目的负债问题，必须将PPP项目置于表外。在此背景下，建筑施工类央企通过设计PPP项目资本金融资模式来实现PPP项目表外运作的意图。吉富星（2018）认为国有建筑企业更关心PPP项目的施工利润，该类企业在开展PPP项目运作时存在风险管理和降低资产负债率的要求，更愿意设计出符合自身出表要求的PPP项目资本金融资模式。余应敏和胡贤辉（2018）认为PPP项目投资规模大且运营收益偏低，建筑类央企的资本金出资可能难以收回。因此，建筑类央企在设计PPP项目资本金融资模式时倾向减少自身的项目资本金出资规模，以提高PPP项目的投资效率。金永祥等（2018）基于项目资本金制度和PPP政策的研究，认为社会资本方面临

PPP政策变动风险，需要设计出合规的PPP项目资本金融资模式，将合规作为融资模式的设计目标。

②PPP项目资本金融资模式

Istemi（2011）和Willem（2011）发现欧洲投资银行倾向利用信托计划和资管计划投资跨国基础设施类PPP项目，信托和资管计划成为项目公司的股东，有利于分散社会资本方PPP项目的投资风险。董家友（2017）和朱振鑫（2017）基于我国PPP项目的实务研究，发现社会资本方通常在项目资本金融资时引入信托计划，信托计划则通过产业基金间接参与PPP项目资本金融资。李澎等（2017）认为政府为解决PPP项目融资困境，加快推进PPP项目落地，在项目资本金融资中引入金融机构充当财务投资人，金融资本要求政府提供项目财政补贴并尽快回购项目资本金，在PPP项目内部实施"明股实债"模式。而霍永超（2017）发现建筑企业是PPP项目的中标主体，为了减少自身的出资规模，通常在项目公司中引入产业基金，产业基金名义上充当项目公司的股东，实际将持有的股权转让给建筑企业，呈现出"明股实债"的项目资本金融资模式。吉富星（2017）认为社会资本方实力有限，为提高项目内部财务收益率并降低投资风险，倾向于在项目资本金融资中加杠杆，利用金融工具的杠杆化、结构化特点，形成"明股实债"的PPP项目资本金夹层融资模式。刘旭芳（2018）指出，在"明股实债"模式下，基金引入方能够稀释自身的项目资本金出资比例，而基金投资方通常将持有的股权行使权转让给基金引入方，不参与项目公司的经营活动。郭上和聂登俊（2018）在研究"明股实债"模式后发现，产业基金出资方通常向基金引入方收取财务顾问费，在项目公司中同股不同权。

黄华珍（2017）发现，社会资本方为实现资金的提前退出，设计出"小股大债"的PPP项目资本金融资模式，将项目资本金划分为"股东借款"和"注册资本"两部分，其中股东借款占比较高。郭上等（2017）认为社会资本方以施工企业为主，施工企业为减少自有资金的占用时间，以股东借款的方式来落实自身的项目资本金出资责任，施工利润能够在短期内覆盖投入的项目资本金，形成“小股大债”模式。王赟等（2017）认为社会资本方普遍存在PPP项目资本金表外融资的需求，社会资本方通常在项目公司中引入产业基金，产业基金的项目资本金出资额作为项目公司的股东借款，而社会资本方的出资额则体现为项目公司的注册资本。余文恭（2017）基于PPP结构化融资的研究，发现社会资本方存在盘活PPP存量资产的需求，如果转让PPP项目公司的股权，将会被征收“财产转让所得”所得税；如果通过减资实现资金退出，则需要经过债权人的同意和较为复杂的流程。而“小股大债”模式能够实现资金的提前退出，避免税收和减资等问题的约束。

（3）PPP项目资本金融资模式问题的研究

①期限错配和提前退出

余应敏和胡贤辉（2018）指出，社会资本方普遍在项目资本金融资时引入金融机构，金融机构的资金通常又来源于银行理财产品，而理财资金的存续期限仅有3至5年，与PPP投资项目长达数十年的合作期限出现错配，导致资金提前退出，项目后期可能会面临资金链断裂的危机。黎毅等（2018）基于“明股实债+小股大债”模式的研究，发现“明股实债”模式存在于产业基金，产业基金内部又包含资管计划、理财计划等结构化融资工具，而融资工具的存续期限与PPP项目合作周期错配；“小股大债”模式又以股东借款充当项目资本金，出现社会资本提前退出的问题，导致社会资本方的项目运营责任虚化。

②固定回报和兜底承诺

孙南申（2018）认为“明股实债”是政府为PPP项目信用背书的融资模式，政府通过合作协议给予金融机构固定的投资回报率，并预先设定回购条款。但是在实际PPP项目资本金退出的运作中，绝大多数金融资金都是由社会资本方到期回购的。而余文恭（2017）发现在“明股实债”的夹层融资模式中，PPP基金的劣后级投资者向优先级投资者提供固定回报和兜底承诺。实际上“明股实债”是优先级投资者对劣后级投资者的借款，不利于实现PPP项目的规范运作。

③资本金债务化和杠杆化

吴学敏和王欣（2019）认为“明股实债”和“小股大债”模式存在定期回购、固定回报和提前退出等一系列问题，从实质重于形式的角度出发，此类模式都属于债务性融资方式，导致项目资本金债务化和空心化。吉富星（2018）、何雪锋等（2018）认为政府和社会资本方运用“明股实债”方式变相融资，与PPP模式“利益共享、风险共担、长期合作”的本质相悖，最终可能形成“时间拉长型的BT项目”，产生“劣币驱逐良币”的效应，进而危害我国PPP模式的健康发展。

（4）PPP项目资本金融资模式变化的研究

①PPP项目资本金融资模式规范的要求

李家俊和张宏伟（2018）发现2017年以后国家开始规范PPP项目的发展，相关部门已经密集发布PPP规范性政策，不允许央企运用“明股实债”的PPP项目资本金融资方式，严格控制央企的PPP表外融资风险，不符合规范要求的PPP项目必须及时整改。在此背景下，建筑施工类央企的存量PPP项目面临着合规和资金链断裂风险，建筑施工类央企的PPP业务难以持续发展。杨宝昆和刘芳（2019）指出，在PPP投融资监管政策日趋严格的情况下，PPP项目资本金将面临合规性审查，原有的PPP项目资本金融资模式受到重创，产业基金参与的PPP项目基本停滞，给PPP项目参与方带来严重的挑战。蔡绍兴（2019）指出，当前政策禁止资本金债务化、代持股、固定回报等现象，PPP项目资本金原有的“明股实债”模式已经不再合规，社会资本方需要整改违规的PPP项目。崔志娟和李雪（2018）发现合规已经成为PPP项目发展的基本要求，这有利于防止PPP问题异化，标志着PPP行业进入强监管时期。在PPP规范新政发布后，信托和产业基金已经不能够继续参与PPP项目资本金出资，股东借款和注册资本相结合的“小股大债”模式也难以继续推进，“明股实债”被界定为违规的PPP项目资本金融资模式，社会资本方需要及时解决PPP项目合规性问题，开展PPP项目资本金融资模式的整改工作。

②PPP项目资本金融资模式的整改建议

随着PPP规范新政的出台，违规的PPP项目资本金融资模式亟待整改，国内学者也开始研究相应的整改方案。其中，宿辉和陆元亮（2019）指出，PPP投融资政策变化的风险难以预料，社会资本方应当与政府进行再谈判，重新确立项目投融资方案，尽快纠正不规范的PPP项目融资行为。高若兰等（2018）认为新政打破原有的项目资本金融资模式，当央企作为PPP项目的社会资本方时，应当以自有资金承接不符合规范要求的项目资本金，然后通过资产证券化盘活存量PPP资产，这是当前唯一可行的PPP项目资本金融资整改方式。黎毅等（2018）则指出，随着PPP项目资本金融资模式的整改，产业基金和信托计划需要退出项目公司，而建筑类央企作为PPP项目的中标主体，普遍面临PPP融资政策的规范要求，央企间可以彼此合作，相互承接需要退出的债务性资本金。同时，建筑类央企还可以发行永续债，筹集同等规模的资金，对接亟待退出的产业基金和信托计划，从而规范PPP项目资本金融资模式。

③PPP项目资本金融资模式的整改影响及对策

由瑞凯（2018）、陈华和王晓（2018）认为原有的项目资本金融资渠道受阻，社会资本方需要加大自有资金的投入力度，在PPP项目中开展真股权投资，必然会增加综合融资成本，也将影响社会资本方的PPP项目投资能力。为此，社会资本方可以尝试构建资本金融资池，增加企业权益资金规模，适时开展PPP项目资产证券化，提高投资的内循环效率。李家俊和张宏伟（2018）指出，在PPP项目资本金融资模式规范后，以建筑施工类央企为代表的社会资本方将会耗用大量的自有资金，可能会影响自身的资产负债率，不利于提高建筑施工类央企PPP业务的规模。因此，建筑施工类央企有必要引入股权投资者，联合优势互补的国企和大型民企，利用永续债和优先股等权益工具，进一步拓展项目资本金来源。

1.2.2 PPP项目债务融资的文献回顾

（1）PPP项目债务融资的资金来源研究

从项目前期考虑：Gottwald和Becker（2016）指出，商业银行作为创新“PPP+B”模式项目前期债务融资的资金来源，是消除PPP项目融资障碍的第三方引擎。王有龙和安文玲（2017）指出政策性银行可以联合其他银行、保险公司等金融机构以银团贷款、委托贷款、夹层融资或信贷资金的方式参与PPP项目债务融资。

从项目建设期考虑：张霁阳和詹树（2016）指出，政策性银行通过为项目提供中长期限的银行贷款和发行债券等，为基础设施PPP项目提供特殊信贷支持和长期优惠利率贷款。吴伟（2014）指出PPP专项产业基金是建设期的债务融资重要资金来源。李利娜（2015）指出，我国PPP项目建设期债务融资可以实行发行项目债券和引进保险资金、社保基金。邢勇（2017）指出，在实践操作中，信托公司通过信托贷款等方式为项目建设提供项目贷款、过桥贷款、夹层融资等债务资金来源。

从项目运营期考虑：Moore和Kerr指出，信托公司可充当社会资本方的角色直接参与或与其他社会资本方作为联合体共同投资PPP项目公司，为PPP项目运营期提供债务资金。赵剑和张颂嘉（2018）指出，目前银行仍是PPP项目运营期的主要资金来源。其不仅为PPP项目公司提供短期融资券、中期票据、PPN等债权类融资工具的承销发行业务，也可以通过信托计划、专项资产管理计划、租赁及其他方式参与项目运营期债务融资。杨志宏（2016）指出，证券公司可以通过自有资金与受托管理资金，通过提供债券承销发行等投行融资业务提供融资，为运营期提供债务资金。胡恒松等（2018）指出，在国外PPP项目研究中，保险资金、养老资金等长期资金为运营期提供债务融资来源。

（2）PPP项目债务融资的增信措施

杨雪琴（2016）指出，由于PPP项目公司的债权人非常关注项目进度和成功率，债权的实现依赖于项目按时和按质完工并获取预期收益。因此，PPP项目债务融资的各参与主体在生命周期不同阶段的融资需求和增信措施要求存在差异。

从项目前期考虑：吉富星（2018）指出，由于社会资本方作为大股东不愿意提供担保等“强增信”，或者提供的增信力度难以满足金融机构的要求，PPP项目债务融资前期的难点主要表现在增信问题。谢欣等（2018）指出，财政支出、项目收益、资产抵质押和第三方担保等都是PPP项目前期增信措施的重要考量要素。袁璨（2015）指出，项目前期需要提高PPP项目的资质标准和抵押的比率以弥补缺少政府信用的嵌入和金融机构严格的担保抵押要求。

从项目建设期考虑：Spackman（2017）指出，随着项目未来收入和资产作为质押的项目贷款逐渐受到认可，建设期获得银行贷款的难度有所下降。Hodge（2017）指出，一般PPP项目建设期主要采取在建工程或其他资产抵押和质押的方式进行贷款，但对信用等级较高的大型国有企业或上市公司以及被列为国家或省级示范项目的PPP项目可少量采用信用担保的方式进行债务融资。侍苏盼（2016）指出，为避免项目公司以有限责任方式“金蝉脱壳”，PPP项目建设期应采用预期收益质押并引入项目公司控股股东担保和第三方补充担保的方式增信。林木西（2018）指出，理论上，项目公司在项目全程需要以特许经营权、收益权、其他合同权益甚至项目的所有权向银行质押来获得银行贷款。现实中，项目公司的股东不提供担保或最多只是提供完工担保或仅在建设期提供担保。

从项目运营期考虑：汪浩鸿（2014）指出，项目公司可通过运营期具有稳定现金流的特点，采用收费权质押和资产抵押的方式融资。张杰（2017）指出，项目运营期债务融资不再过分强调政府偿债或提供信用担保，而是在锁定期结束后，依托项目自身现金流、其他方回购、证券化、转让和上市等资本运作方式实现资金对接上一轮债务融资。李娟（2018）指出，虽然运营期具有稳定的现金流入，但是政府的兜底义务较弱，项目公司提供的股权质押、项目收费权质押和应收账款质押等在实际操作中难以落实。蔡浩（2015）指出，PPP项目在运营期间允许以特许经营收费权或应收账款质押方式担保。徐建平（2017）指出，PPP项目运营期的收费权、收益权、经营权等无形类权益质押方式的第二还款来源与第一还款来源同质，担保的实际保障程度较弱，且质押价值确认难度大。

（3）PPP项目债务融资的融资工具

吴波（2017）指出，针对PPP项目全生命周期不同阶段，应提供不同形式和属性的全方位的综合金融工具，以满足其不同阶段的差异化的债务融资需求。

从项目建设期考虑：李澎（2017）指出，目前，我国PPP项目债务融资工具在建设阶段仍以银行贷款为主，银团融资、债券融资、信托融资和险资融资等筹集资金的方式有待进一步加强。Lucius等（2014）强调，建设阶段可以通过发行市政债、项目收益债、银行理财管理计划等直接债务融资。张晓青（2015）指出，PPP项目建设期应充分把握投资银行业务发展的机遇，拓展诸如债券发行、票据、银团贷款、信贷资产证券化、融资租赁、引入保险或其他长期固定收益回报的融资工具。

从项目运营期考虑：2015年《关于在公共服务领域推广政府和社会资本合作模式的指导意见》提出，债券市场的低成本、长期限、多品种、多层次、快发展和低风险等特点与PPP项目运营期无缝对接，能够降低PPP项目对银行资金的依赖。魏加威（2017）强调应鼓励项目运营期债务融资方式多样化，高效地引入各类短、中、长期金融工具以方便各出资方资金在运营期的进入和退出。王刚（2017）指出，项目运营期的债务融资工具可采用项目收益债、公司债券、永续债、中期票据、项目收益票据、永续票据、融资租赁和资产证券化等方式，相互结合以优化债务融资结构，实现融资期限与项目周期匹配。孙汉康（2019）指出，资产证券化可以解决PPP项目运营期资金占用时间长、周转慢、收益低的问题，其包括信贷资产证券化、资产支持专项计划、资产支持票据。张海星（2015）指出，根据PPP项目运营期的自身特点可以发行企业债、资产支持证券、项目收益债（票据）、永续债等方式进行债务融资。

（4）PPP项目债务融资的特点

PPP项目时间跨度较大且周期长，不同类型的债务融资工具需要满足生命周期不同阶段的融资特点，才能与PPP项目紧密结合。

从项目前期考虑：杨雪琴（2016）指出，PPP项目前期风险不确定性大的特点使得该阶段PPP债务融资局限性较大。艾冰（2008）指出，项目前期存在资金缺口较大、政府方财政状况问题严重和金融生态环境较差的特点。李凯风（2016）指出，项目前期存在评估较难、信息不对称、资产变现较难和缺乏化解风险的抓手等特点，新设的SPV项目公司也与银行的现行基于历史经营的信贷评估体系相悖。

从项目建设期考虑：Allan（2016）指出，建设期存在债权追索权有限的特点，在没有项目发起人担保的情况下，质权人难以追索到项目公司出资人。张志红（2018）指出，建设期只有支出、没有收入的特点使得资金需求难以被债务融资满足，此阶段更适合传统信贷模式。周晓杰（2018）指出，建设阶段是将策划设计的成果付诸实践并进行债务融资的关键阶段，施工过程存在不可预见性强、风险因素复杂、各参与方内部处于薄弱控制节点等特点。

从项目运营期考虑：宋博（2017）指出，PPP项目运营期主要存在政府财力、政府诚信、按效付费、项目还款来源和未来收益具有较大不确定性等特点。王平（2017）指出，当项目建成竣工并投入运营之后，盘活存量资产和提高资金收益是PPP项目运营阶段的首要融资需求。李彦华和杨星宇等（2018）指出，运营期相比建设期，市场需求主体已经发生偏好的变化，使得项目收益不确定。孙南申（2018）指出，PPP项目运营期债务融资具有“有限追索”的特征。项目公司可以通过项目责任的有限追索实现风险剥离，做到仅以其在项目中的出资承担责任。王经绫等（2018）认为，在PPP项目运营期债务融资转让过程中，债权主体资格随着债权的转让而转移。

（5）PPP项目债务融资模式

朱振鑫（2017）指出，PPP债务融资模式应该结合PPP项目全生命周期特点。胡恒松（2018）指出，由于PPP项目各参与主体在不同阶段的融资需求和风险收益特征存在差异，所以各阶段适用的债务融资模式存在区别。李娟和姜增明等人（2018）指出，应根据PPP项目全生命周期不同阶段的特点和项目立项、设计、建设、运营和移交等各环节，提供差异化债务融资模式。

从项目前期考虑：杨也容（2017）指出，银行贷款是所有PPP项目前期最主要的债务融资渠道。李钟文（2015）指出，银行贷款模式的创新要针对融资成本、资本结构、风险分担、预期利润、项目效率等方面开展全面有效评估，最大化考虑项目是否物有所值并进行可行性分析。王波（2018）指出，商业银行参与PPP项目的贷款模式有两种：一种是向政府或其他相关机构进行信贷投放直接参与项目；另一种是向中标PPP项目的公司进行贷款间接参与项目。

从项目建设期考虑：张望军等（2017）指出，公司债可以在一定程度上弥补建设期债务融资基础资产标准化难度大且透明度不够的问题。李亚平（2017）指出，在PPP项目建设期运用公司债不需要有政府隐性背书或者具有政府长期稳定补贴形成的稳定现金流。邢勇（2013）指出，中期票据拓宽了建设期债务融资渠道，减少了企业对商业银行贷款的依赖性。其使用自主性高，既可用于企业的生产经营活动，也可用于偿还银行贷款，融资成本明显低于同期限的商业银行贷款。

从项目运营期考虑：郭雁南（2016）指出，项目收益债的特点覆盖PPP项目投资、建设和运营的全过程，其期限至少10到15年，适用于PPP项目运营期债务融资。王冰（2015）指出，项目收益债的最大特点是发行期限覆盖了项目建设、运营和移交整个项目生命周期，债券本息偿付不依赖于项目发起人的资信，适用于项目运营期债务融资。邓宗俭（2017）指出，PPP项目资产证券化融资模式一般应用于项目运营阶段，用于替代建设期的银行担保贷款。于丹丹（2018）将资产证券化应用于PPP项目的模式分为表内模式、表外模式和准表外模式，可通过资产证券化等方式回笼资金，促进形成社会资本“投资—盈利退出—再投资”良性循环。程清（2017）指出，PPP+ABS将收益权作为基础资产权，存在法律正当性不足、收益权法律属性不明晰和缺乏制度层面的保障的缺点，难以有效实现破产隔离。

1.2.3 文献评述

（1）资本金融资的文献评述

通过文献回顾可以发现，目前学术界已经对PPP项目资本金融资模式进行了较为全面的研究，涉及PPP项目资本金出资主体、融资模式及设计目标、融资问题和融资整改等方面。已有的研究成果基于我国PPP模式的实际发展情况，分析出社会资本方PPP项目资本金融资的现实需求和PPP新政的具体要求，针对原有的PPP项目资本金融资模式提出整改建议。研究成果具有较强的理论意义和现实价值，但是也存在以下不足：

第一，已有的成果多数只是隶属于其他的研究主题，而且相关研究通常只关注于PPP项目资本金融资的某一部分或几部分。因此，目前仍缺乏专门针对PPP项目资本金融资模式的系统性研究，存在较多的研究空白。

第二，目前学术界仅研究了“明股实债”和“小股大债”的违规融资模式，根据国家的整改要求提出了相应的整改建议，但是相关研究缺乏具体的应用案例和数据支撑，研究深度有待加强。同时，学术界还未研究整改后的PPP项目资本金融资模式，更没有对PPP项目资本金融资模式的整改过程及影响进行探究，PPP项目资本金融资规模的研究范围仍有待进一步拓宽。

因此，全书以SJ公司为研究对象，运用案例研究法，不仅研究规范前社会资本方设计的PPP项目资本金融资模式，还研究PPP项目资本金融资模式的变化过程，探究出具体的影响，并针对性地提出合理建议。

（2）债务融资的文献评述

综上所述，PPP模式对于缓解地方政府债务、调整经济结构、提高公共服务效率、实现政府向社会资本方让利等问题具有重要的作用。而债务融资正是目前PPP模式在金融政策收紧环境下推动PPP模式发展的重要环节，其研究价值得到国内外诸多学者的认可。目前国内外文献研究发现已有的PPP债务融资文献内容较为全面，分别从PPP项目债务融资的资金来源、增信措施、融资工具、融资特征和融资模式等五个方面阐述，但仍存在以下不足：

首先，已有的文献研究对PPP项目前期债务融资来源进行分析，分别从商业银行、政策性银行、证券公司、保险公司、信托公司五个方面展开。针对项目前期增信措施分析，分别从财政支出、资产抵质押和第三方担保等方面强调提高PPP项目的资质标准和抵押的比率。PPP项目前期特征是风险不确定性较大和前期评估较难。在项目前期债务融资工具方面主要涉及单一金融工具。已有文献一般采用定性的研究方法，缺乏具体的应用案例支撑。

其次，从已有文献对PPP项目建设阶段的研究分析，在增信措施上主要从委托贷款、保函、信用担保、引入项目公司控股股东担保、第三方补充担保、以项目未来收入和资产为质押等方面描述。建设期债务融资工具主要有商业银行贷款、项目贷款、银团融资、债券融资、信托融资、险资融资、银行理财管理计划和理财直接融资等。考虑到要改变目前PPP项目建设期金融支持主要依赖商业银行贷款的现状，PPP项目公司可以通过资本市场发行企业债、项目收益债，融资租赁，引入保险或其他长期固定收益回报的融资工具。但是，已有的成果多数只是隶属于其他的研究主题，而且相关研究通常只关注于建设期债务融资的某一部分或几部分。

再次，已有文献对运营期的描述如下：增信措施研究设计鉴于项目在运营期具有稳定的现金流和项目公司可采用收费权质押、特许经营质押、预期收益权资产抵押、股权质押、应收账款质押、其他方回购、证券化、转让和上市等资本运作方式实现债务资金对接。运营期债务融资工具主要包括项目收益债、公司债券、永续债、中期票据、项目收益票据、永续票据、融资租赁、信贷资产证券化、资产支持专项计划和资产支持票据等。但是，针对运营期的项目收益债、永续债、可转换债券等债务融资工具的研究缺乏案例调查形式和系统化研究，相关债务融资方案值得进一步研究。

最后，在论文视角方面，目前分析PPP债务融资的论文只是从政府或者金融机构的角度以缓解地方政府隐性债务和规范金融机构参与PPP项目融资风险的目的的研究，缺乏从社会资本方角度以解决债务融资问题为目的进行的研究。

1.3 研究内容

全书在文献阅读和理论分析的基础上，按照“发现问题—分析问题—解决问题”的逻辑思路，对SJ公司PPP项目融资的现状、存在的问题、问题背后的影响因素以及解决问题的对策进行深入剖析，全书共分为7章。

第1章，绪论。本章主要介绍全书的研究背景和研究意义，并通过文献综述引出所需要研究的具体内容，并勾勒出研究框架，在此基础上，进一步提出文章的研究方法和创新点。

第2章，PPP项目融资及其理论基础。本章主要结合国家政策和已有文献对PPP项目融资的有关概念进行界定，阐述与之相关的理论基础，为SJ公司PPP项目融资问题研究提供理论依据。

第3章，SJ公司PPP项目概况及融资管理办法。SJ公司作为一家非常优秀的施工类企业，主导和跟投参投了大量的PPP项目，并形成了一套较为完善的PPP项目融资管理办法。本章将对SJ公司投资的PPP项目和PPP项目融资管理办法进行解释，为后面的研究做基础。

第4章，SJ公司PPP项目资本金融资模式现状及问题分析。本章首先分析SJ公司PPP项目资本金融资模式的设计目标，回顾2018年前PPP项目资本金融资模式，论述PPP项目资本金融资模式变化的背景，介绍SJ公司PPP项目资本金融资模式的调整过程，并结合具体案例，从SJ公司PPP项目投资、SJ公司自身的财务状况和SJ公司PPP项目的合规风险等方面出发，探究出PPP项目资本金融资模式变化的影响。

第5章，SJ公司PPP项目债务融资现状及问题分析。本章首先从资金来源、增信措施、融资工具和融资特点等方面分析了SJ公司PPP项目债务融资现状，然后采用问卷调查的形式收集资料，从假设提出、变量选择、模型构建、结果分析等方面，对问卷调查的资料进行分析，从PPP项目全生命周期的角度探讨SJ公司PPP项目债务融资中存在的问题和导致问题的原因。

第6章，完善SJ公司融资模式的对策建议。本章首先在政策规范运作的要求下，考虑SJ公司PPP项目表外运作的现实需求，从引入战略投资者、发行PPP项目永续债、开展PPP项目资产证券化、“REITs+PPP”等方面提出合理的建议，最大限度地缓解PPP项目资本金融资模式变化的影响。然后根据第5章的研究结论，从PPP债务融资风险、增信措施、融资渠道以及融资成本等方面提出改善债务融资问题的对策建议。

第7章，结论及展望。本章在对全书进行总结的基础上，阐述了本书存在的不足，有待今后对该问题进行深入研究。

1.4 研究方法和创新点

1.4.1 研究方法

（1）文献阅读法

通过查阅有关PPP项目融资的纸质文献，同时利用中国知网、维普网和万方数据库等平台获取国内外与PPP项目融资主题相关的电子文献，力求对PPP项目融资的相关概念、理论基础以及研究现状充分认识。

（2）实地调研法

全书采用实地调研法，首先，通过实地调研了解SJ公司及其PPP业务的基本情况，熟悉PPP项目的运作流程和项目资本金的融资要求。然后，在调研过程中收集PPP项目的融资方案、可研报告、项目公司的财务报告和SJ公司的财务报告，并获取典型的项目资本金融资案例，明确SJ公司PPP项目资本金融资模式的整改过程。债务融资方面也是一样，通过对SJ公司PPP项目进行实地调研，了解当前SJ公司PPP项目全生命周期债务融资现状和融资问题，获取SJ公司目前PPP项目和全生命周期债务融资的数据，对SJ公司PPP项目全生命周期债务融资的资金来源、增信措施、融资工具、融资特点进行归纳，对其存在的风险问题、增信措施问题、融资渠道问题和融资成本问题系统划分，进行全生命周期剖析。

（3）案例分析法

全书选取SJ公司作为案例研究的对象，发现SJ公司面临资产负债率的管控要求，在PPP项目运作中存在表外融资的现实需求，并基于此设计出PPP项目资本金融资模式。然后，通过实地调研获取的资料了解SJ公司PPP项目资本金融资模式的优化过程，并嵌入典型的项目案例，进而探究出具体的影响。

（4）问卷调查法

全书分析债务融资问题主要通过收集数据和发放问卷调查表的形式。首先，在问卷调查表发放前，全书对SJ公司PPP项目全生命周期债务融资的基本情况进行初步了解、分析。其次，将文献与实际情况结合，对SJ公司PPP项目全生命周期债务融资问题进行研究，构建模型并设计问卷调查表。最后，采取信度与效度检验问卷内容的有效性与可信度。

（5）实证研究法

全书以SJ公司PPP项目为研究对象，对其面临的债务融资问题及其影响因素进行深入分析与研究。将问卷调查收集的数据作为研究基础，采用SPSS和AMOS软件对其进行分析和处理。根据对当前PPP项目债务融资过程中样本特征和问题进行描述性统计分析，采用结构方程模型进一步分析影响因素。全方位理解SJ公司在当前PPP项目全生命周期债务融资方面所面临的问题和影响因素，并对此提出针对性的解决方案。

1.4.2 创新点

（1）探究出PPP项目资本金融资模式的变化过程。当前关于PPP项目资本金融资模式的研究主要集中于某种单一模式，且未能结合案例展现具体的融资模式。但是随着PPP规范政策的发布，项目资本金融资模式得以规范。全书基于政策的规范性要求并结合具体案例，探究出PPP项目资本金融资模式的变化过程，进而梳理出我国PPP项目资本金融资模式的演变情况。

（2）研究出表内融资模式对社会资本方的影响。已有的研究认为PPP项目存在较高的财务杠杆，社会资本方不倾向将PPP项目公司纳入合并报表范围，但是相关研究以定性分析为主，缺乏数据的支撑。全书在PPP项目资本金融资模式规范的基础上，通过财务数据定量分析，发现表内融资模式不仅会影响社会资本方自有资金的占用规模，降低投资效率和效益，还会推高社会资本方的资产负债率，影响企业的现金流，也将削弱社会资本方对PPP项目的投资热情。

（3）提出“股权收益权+债权”资产证券化的建议。SJ公司在PPP项目资本金融资模式规范后形成的表内融资模式，会增加自有资金的占用规模，影响自身的投资效率和效益。全书基于盘活存量资产的考虑，建议社会资本方以“股权”为基础资产，发行ABS产品。但政策要求资产证券化不得改变项目公司的控制权。因此，全书认为社会资本方可以替项目公司偿还银行借款，解除项目收益权质押，形成对项目公司的债权，然后推动“股权收益权+债权”资产证券化，缓解表内融资模式带来的负面影响。

（4）从全生命周期的角度，对PPP项目债务融资、影响因素等问题进行了全方位的分析。PPP项目债务融资的数据获取难度大，国内外的文献资料缺乏定量分析的研究。我们面向SJ公司PPP项目专家进行访谈和问卷调查，通过引入结构方程模型进行定量分析，并通过AMOS软件绘制模型结构图并进行模型的拟合，检验SJ公司PPP项目全生命周期债务融资的影响因素及其显著性和重要程度，在分析SJ公司PPP项目债务融资现状的基础上，结合了融资问题及其影响因素的分析，合理构建模型对SJ公司PPP项目债务融资问题进行全面探讨，得出结论并提出针对性的对策，具有一定的创新性。

第2章 PPP项目融资及其理论基础

2.1 PPP模式

2.1.1 PPP模式的定义和特征

(1) PPP模式的定义

20世纪90年代，英国为加快公共设施供给，在基础设施领域引入私人融资计划，支持各类社会主体积极参与公共项目投资，最终形成PPP模式。Grimsey 和 Lewis (2001)、Michael (2002)、Lucius (2014) 认为PPP模式是多部门间的利益联盟行动，私人部门在政府的引导下参与公共基础设施供给。Vhen 和 Tiong (2011)、Ehrlich 和 Tiong (2012) 则指出，PPP模式是政府部门、承包商和运营商之间建立的一种合作伙伴关系，各参与主体联合金融机构为项目提供融资支持，政府部门将在法律和政策上给予参与主体优惠。随着国内PPP模式的发展，财政部将PPP模式解读为基础设施领域的公私合作伙伴关系，社会资本方发挥自身专长，负责项目的管理工作，并获得合理回报；政府负责项目监督和公共付费，维护项目的社会公益性。由此可见，PPP模式实质上是基础设施领域的一种公私合作方式。

（2）PPP模式的特征

通过对PPP模式的定义进行解读，我们发现PPP模式有别于传统的政府投资方式，具备自身的特殊性。贾康和孙洁（2009）发现PPP模式具备“伙伴关系、利益共享、风险共担”的特征，其中，伙伴关系是指PPP项目合作方存在一致的目标；利益共享并不是公私双方分享PPP项目利润，而是社会资本方参与PPP项目能够获得可控且稳定的回报；风险共担则是公私双方根据自身优势，合理承担PPP项目运作风险。刘薇（2015）则进一步指出，“伙伴关系、利益共享、风险共担”的特征不仅存在于公私双方之间，也同样体现在社会资本方内部。

2.1.2 PPP模式的运作流程

在国内PPP模式实践中，从政府的视角来看，政府首先需要进行PPP项目识别，挑选可应用PPP模式的基础设施项目，确保项目处于财政承受能力内，能够实现物有所值。其次，当进入项目准备阶段后，政府需要组建管理构架并编制PPP项目实施方案，明确项目具体的运作内容和流程。再次，政府发布PPP项目招标要求，通过评标选出合适的社会资本方，并与其签订PPP合同，明确双方在PPP项目中的权责。当PPP项目开始执行时，政府落实自身的项目资本金出资责任，负责PPP项目监督考核，并向项目公司付费。最后，当PPP项目达到预定的合作期后，政府将收回PPP项目的经营权。政府视角下PPP模式的项目运作流程见表2-1。

如果基于社会资本方视角，PPP项目可划分为项目前期、建设期、运营期和移交期等四部分（如图2-1所示）。其中，项目前期对应项目采购和项目公司设立，社会资本方需要根据政府发布的实施方案和投标文件，开展可行性研究并制作投标文件，在中标后与政府签订PPP合同，明确项目运作内容。同时，中标的社会资本方还需要与其他合作主体签

表 2-1　政府视角下PPP模式的项目运作流程

阶段	运作流程	具体工作
项目识别	项目发起	政府收集潜在的PPP项目，构建信息库
	项目筛选	政府从信息库中筛选出计划实施的PPP项目
	物有所值评价	对计划采用PPP模式的基础设施项目进行价值评价
	财政承受能力评价	对计划采用PPP模式的基础设施项目进行财政承受能力评价
项目准备	明确管理构架	确定PPP项目实施机构
	实施方案编制	实施机构聘请专业的咨询公司编写实施方案
	实施方案审核	有关部门审议和批准实施方案
项目采购	信息发布	发布PPP项目实施方案和资格预审公告
	采购文件编制	编制和发布PPP项目招标文件
	相应文件评审	对投标文件进行评审，选择最合适的社会资本方
	合同签署	政府与中标方的社会资本方签署PPP合同，明确双方的权利和义务
项目执行	项目公司设立	各参与主体共同签署PPP项目的股东协议，按照合同约定的项目资本金比例出资，建立公司章程，成立PPP项目公司
	项目融资管理	各参与主体按照已签订的协议，落实自身的项目资本金出资责任，并协助项目公司获取项目所需的债务性资金
	项目建设和运营	项目公司与建筑商、运营商签署合同，开展项目建设和运营工作
	绩效监测与支付	政府监测PPP项目的产出指标，按照PPP合同支付相应费用
项目移交	移交准备	成立移交工作组，明确移交内容、移交形式和移交标准
	性能测试	依据预设的标准，对PPP项目资产开展相应的测试工作
	资产交割	社会资本方按照移交要求，与政府开展资产交割工作

资料来源：《PPP全流程运作实务》。

订股东协议，进一步明确项目资本金出资份额，并据此设立PPP项目公司。随后，PPP项目进入建设期，社会资本方需要落实项目资本金出资责任。如果社会资本方具备相应的施工和运营能力，通常会负责项目的建设和运营工作。最后，当项目运营期满时，社会资本方需要将项目资产转交给政府。

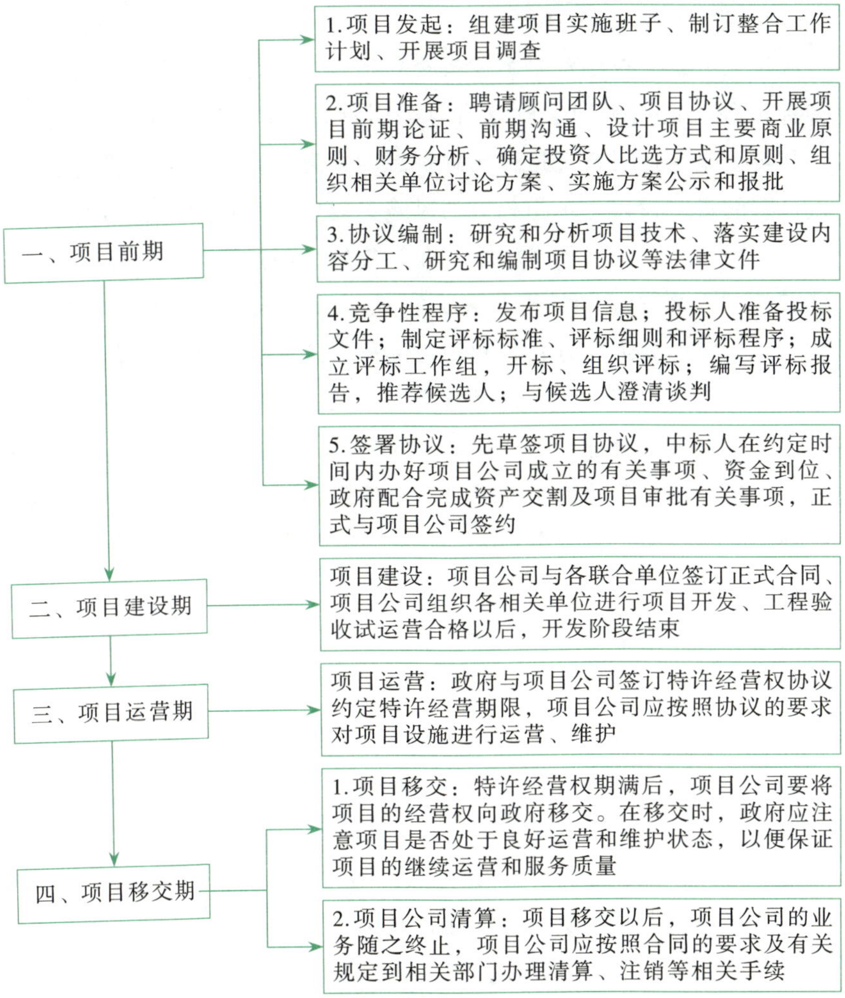

图2-1 社会资本方视角下的PPP模式运作流程图

2.2 PPP项目融资

2.2.1 PPP项目融资的概念和特点

（1）PPP项目融资的概念

从狭义上讲，投融资是企业投资和融资两种行为的总称，指企业通过多种途径、运用多种手段筹措与运用资金，以保证企业的可持续发展，其实质是企业对资金这种稀缺资源的配置过程。其中，投资是指企业以自有的资产投入，承担相应的风险，以期合法地获取更多的资产或权益的一种经济活动。而融资是企业筹集资金的过程，指企业从自身生产经营现状及资金运用情况出发，根据企业未来经营与发展策略的需要，通过一定的渠道和方式，利用内部积累或向企业的投资者及债权人筹集生产经营所需资金的一种经营活动。投融资的主要任务是：资金充裕时，通过资金的合理运用和流动，充分发挥资金的使用效益；资金短缺时，以最小的代价筹措到满足自己对期限和数量等要求的资金，终极目的是壮大企业实力，获取更大的收益。

具体到PPP项目，从社会资本方角度来看，PPP投融资是指社会资本方通过多种渠道筹措资金，用于设立PPP项目公司并开展PPP项目后续的建设、运营工作。其中，投资是指社会资本方在项目公司中的权益性出资，表现为项目资本金出资；而融资则是社会资本方为推动PPP项目建设，以项目公司的名义寻求各类金融机构的融资支持。但是，由于PPP项目具备公私合作的特殊性，项目的所有权属于政府，社会资本方参与PPP项目需要组建项目公司，项目公司只是运作平台，实际投融资工作都需要社会资本方负责，因此，基于社会资本方的立场，PPP投资和融资实际上难以严格区分，应当将其归为一个整体。

（2）PPP项目融资的特点

由于PPP项目具备投资规模大、合作周期长、参与主体多、投资回报低、合同体系和交易结构复杂等特点，所以PPP融资与传统的项目融资存在较大的差异。PPP项目融资的特点为：

①融资需求覆盖全生命周期

PPP项目的合作期限通常不低于10年，最长的可超过30年，项目可以分为前期准备阶段、建设阶段、运营阶段和移交阶段，在不同的阶段，PPP项目存在不同的融资需求。首先，在前期准备阶段，社会资本方需要单独或者与政府共同设立项目公司，存在项目资本金融资和股权融资的需求。然后，在项目建设期，为满足项目工程建设资金需求，项目公司需要向金融机构申请贷款，或者社会资本方提供股东借款。当项目进入运营期时，项目公司存在大量其他应收款或者以特许经营权为代表的无形资产，社会资本方的股权出资也被困于PPP项目，导致项目公司和社会资本方在运营期需要盘活存量资产。同时，金融工具的存续期限很难与项目合作周期完全匹配，存在期限错配的问题，运营期可能还需要借助其他融资工具帮助到期融资工具实现退出，从而延长融资周期。

②具备有限追索融资责任

在PPP项目运作中，社会资本方设立项目公司的目的是隔离项目风险，使投资风险被控制在项目公司层面，难以向自身传递，表现出有限追索融资责任。PPP项目有限追索融资主要表现在两方面：一是债务融资主体是社会资本方成立的项目公司，而不是社会资本方本身。为确保融资的还款来源，项目的特许经营权也授予项目公司，项目的运营、经营、管理也交由项目公司，政府购买服务的对象也是项目公司提供的服务，因此该项目的收益、现金流最终也体现在项目公司层面。二是社会资本方不对项目公司的融资和其他负债承担无限连带责任保证，仅按出资额承担有限责任。

③全方位的组合融资

因为PPP项目投融资涉及全生命周期融资且项目投资规模动辄几十亿元乃至上百亿元，而社会资本方的实力相对有限，难以独立完成出资责任，需要引入金融机构，应用多样的金融工具。股权融资和债务融资是PPP项目融资的两大重点，几乎需要囊括固定资产建设贷款、公司债、企业债、产业基金、融资租赁、资产证券化、信托和资管计划等金融工具。除银行贷款外，其他融资工具的交易结构较为复杂，涉及的金融机构十分广泛，可以说PPP融资是全方位融资。此外，金融机构存在贷款集中度的风险控制要求，对PPP项目普遍需要引入其他金融机构，共同组建银团贷款；为控制融资成本，社会资本方通常先寻找低价资金，当低价资金不足时，再与其他成本相对较高的金融机构合作，体现出组合融资的特征。

2.2.2 PPP项目权益性融资

权益性融资由享有项目公司股东权益的投资人负责，包括项目公司注册资本和项目资本金，是社会资本方PPP项目正式运作的起点，关系到项目公司的成立和债权人的资金安全，在项目运作过程中发挥着举足轻重的作用。但是，项目资本金和项目公司注册资本是两个不同的概念，其法律依据和概念内涵存在较大差异。

（1）注册资本

《公司法》规定有限责任公司的注册资本为在公司登记机关登记的全体股东认缴的出资额，法律、法规及国务院决定另有规定的，从其规定。具体到PPP项目，注册资本是PPP项目公司设立时的注册资金，反映为项目公司的实收资本。2013年修订的《公司法》取消了有限责任公司、一人有限责任公司、股份有限公司最低注册资本分别应达到3万元、10万元、500万元的限制。因此，PPP项目公司的注册资本可依实际情况任意设定，政府和社会资本方需要对项目公司注册资本出资。

（2）项目资本金

为控制固定资产投资项目的规模和风险，提高项目的投资效益，我国于20世纪90年代开始推行项目资本金制度，《国务院关于固定资产投资项目试行资本金制度的通知》（国发〔1996〕35号文）首次提出项目资本金的概念。项目资本金属于项目的非债务性资金，投资人需要以自有资金出资认缴，并享有相应的所有者权益，出资份额可转让，但是不允许抽回（刘正凡等，1996）。具体到PPP项目来看，项目资本金既是PPP项目的初始运作资金，也是PPP项目公司的权益资金，社会资本方需要在投标前针对PPP项目设计出具体的项目资本金融资模式，并在中标后落实自身的出资责任。

在PPP实际运作中，PPP项目资本金与PPP项目公司的股权资金在本质上是一致的，资金的出资主体相同，也都体现为PPP项目公司的实收资本和资本公积——资本溢价。但是，PPP项目资本金属于专属名词，PPP项目资本金针对PPP项目而言，而PPP项目公司的股权资金则针对项目公司本身。此外，PPP项目资本金属于各出资方投入项目公司的资金，更加侧重出资方视角，需要出资方预先设计出PPP项目资本金融资方案；而PPP项目公司的股权资金则是从项目公司角度出发，属于项目公司的权益性资金。

（3）注册资本与项目资本金的联系和区别

在PPP实际运作过程中，存在将项目资本金等同于注册资本和项目资本金大于注册资本的情况。财政部《政府和社会资本合作项目财政承受能力论证指引》（财金〔2015〕21号）第十五条规定："股权投资支出应当依据项目资本金要求以及项目公司股权结构合理确定。股权投资支出责任中的土地等实物投入或无形资产投入，应依法进行评估，合理确定价值。计算公式为：股权投资支出＝项目资本金×政府占项目公司股权比例。"这实际上将注册资本额等同于项目资本金。当项目资本金大于注册资本时，注册资本将属于项目资本金的一部分。同时，注册资本和项目资本金同属于权益性资金，都发挥了债务资金安全垫的作用。

但是，项目资本金是从PPP投资项目本身出发，注册资本基于项目公司设立和运行的视角，两者有不同的制度设计和功效。在法律层面上，项目资本金并不等同于注册资本，也未有强制性规定要求两者数额必须等同。社会资本方从股东责任、股权转让成本、税收、退出风险等角度出发，通常也不愿意将全部项目资本金设置为注册资本，而是倾向于通过股东借款或者融资解决资本金融资需求。当注册资本少于项目资本金时，会计上可将项目资本金中超出注册资本的部分记入“资本公积”科目核算。

（4）项目资本金的出资比例

项目资本金作为项目的权益性资金，主要发挥两个作用：一方面能够用于项目建设，成为项目建设的启动资金；另一方面还可以充当债权人的保护垫，降低债权人的贷款风险。因此，为保证项目建设的稳定性，保护债权人利益，国发〔1996〕35号文针对不同行业设置了不同的项目资本金出资比例。随后，在宏观经济环境和国内产业结构不断变化的背景下，各行业的项目资本金比例在2004年、2009年、2015年和2019年经历了四次调整。其中，国务院于2019年11月20日发布国发〔2019〕26号文，进一步明确项目资本金非债务属性和自有资金的投资要求，规定除机场项目最低资本金比例维持在25%外，其他类型的基础设施项目资本金出资比例不低于20%，部分补短板类项目可适度调减资本金比例，但降幅不得高于5%。由此可见，对于PPP项目而言，当前项目资本金出资比例不低于20%。而商业银行在发放PPP项目贷款前，通常将项目资本金落实情况作为贷款的前提条件，要求社会资本方在建设期完成项目资本金出资。

（5）PPP项目资本金的融资流程

项目资本金融资属于项目公司的权益性融资，也是社会资本方的投资行为。但是，项目公司只是政府与社会资本方的合作平台，社会资本方为参与PPP项目运作，需要根据政府发布的实施方案设计项目资本金融资方案。如图2-2所示，首先社会资本方内部需要编制PPP项目可行性研究报告，在内部报告中设计出相应的项目资本金融资方案，便于内部决策。其次，当可行性研究报告通过内部决策后，社会资本方编制投标文件，并在其中列明具体的项目资本金融资方案。再次，当社会资本方中标PPP项目时，需要与政府在PPP合同中进一步确定PPP项目资本金融资方案，明确各方的出资责任。最后，当后期融资方案未变更时，各出资主体需要按照既定方案在建设期内完成PPP项目资本金出资；当后期融资方案变更时，各出资主体需要按照变更方案在建设期内完成PPP项目资本金出资。

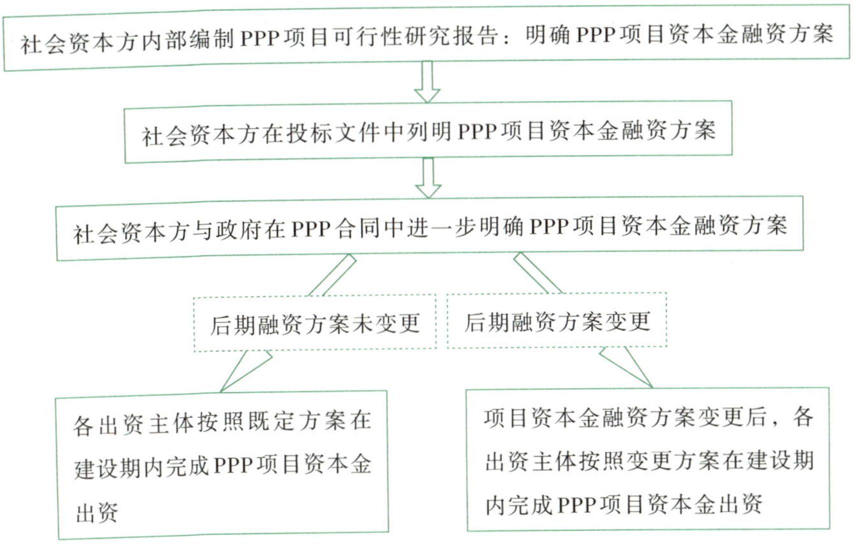

图2-2　PPP项目资本金融资的流程

2.2.3　PPP项目债务融资

在我国的项目资本金特别制度下，结合PPP项目实操经验，项目资本金通常大于或等于注册资本，项目投资总额与项目资本金的差额则表现为债务性资金，社会资本方需要以项目公司的名义对外融资，主要用于项目工程建设和运营维护。

（1）PPP项目债务融资的来源

从国际经验来看，国外PPP项目债务融资的来源途径较为广泛，包括银行、保险公司、养老基金和社保基金等金融资本。由于国内金融市场与发达国家还存在一定差距，目前我国PPP项目债务融资的资金主要来源于商业银行和政策性银行。随着国家一系列PPP扶持政策的出台，各类金融机构在遵守法律法规的前提下，正在尝试运用不同工具参与PPP项目投融资，使PPP项目债务融资的来源也逐渐多元化。

①政策性银行和商业银行

政策性银行以国家政策为导向，投放的资金具有中长期特征，是国内PPP项目债务融资的重要来源方。在我国PPP融资实践中，国家开发银行和农业发展银行的业务与PPP领域契合度较高，可为项目提供中长期限的银行贷款、发行债券等方面的服务，对于重点PPP项目提供特殊信贷支持和长期优惠利率贷款。

商业银行作为国内金融行业的核心主体，是PPP项目债务融资的最重要的资金供给方，可以为PPP项目提供融资支持。一方面，商业银行通过对PPP项目运作主体、现金流、增信方式进行审核，为项目公司提供委托贷款、银团贷款、固定资产贷款、流动性贷款服务；另一方面，商业银行可以为PPP项目公司提供应收账款保理、中期票据和短期融资券的承销发行服务，而银行的理财资金和自有资金是银行间债券市场的重要投资者，可以将资金间接投资于PPP项目债券。

②证券公司

证券公司为PPP项目提供债务融资，既包括使用自有资金与受托管理资金投资于项目债务融资系列产品，也包括为PPP项目公司提供债券承销发行等投行融资业务，还可以通过资产证券化、创新投资产品等方式提供服务。证券公司发挥投行产品设计优势，为符合条件的PPP项目公司设计债券产品，通过发行公司债券、项目收益债券等债券类产品进行融资，或为项目资产或特许经营收费权益设计资产证券化产品，通过盘活存量资产进行融资。

③保险公司

保险公司可以使用保险资金通过合适的方式投资于PPP项目。以基础设施建设为代表的PPP项目，通常资金需求久期较长，符合保险资金长久期资产配置的特征。保险资金投资可以采取的方式包括保险基础设施债权投资计划、资产支持计划等产品，也包括使用保险资金投资于符合银保监会规定的集合信托计划、资产支持证券和债券类产品的方式实现对PPP项目的资产配置。另外，投资PPP引导基金和产业投资基金也逐渐成为保险公司参与基础设施建设的创新方式。

（2）PPP项目债务融资全生命周期特征

PPP项目全生命周期债务融资的顺利进行离不开各参与方的相互合作。首先，在项目前期准备阶段，政府方需要制订相关计划、成立项目实施小组、做好项目的财政承受能力评价、物有所值评价及实施方案。在项目招标过程中，政府方需要衡量社会资本方的资金实力和PPP项目的投资规模以及风险分担机制，对以上因素在招标过程中予以确认后，政府方与社会资本方、项目公司签订相关合同。其次，在项目建设阶段，金融机构逐步参与到PPP项目中，以股权或者债权的形式为PPP项目提供资金。再次，在项目运营阶段，项目公司依据PPP合同约定、特许经营协议等为公众提供相关服务，接受政府实施机构的绩效考核，并按期收取相关费用，清偿金融机构资金。最后，在项目移交阶段，项目公司依据PPP合同约定将项目设施（资产）移交给政府方，社会资本方可通过股权转让、项目公司清算退出等方式收回投资，项目顺利结束。PPP项目时间跨度较长，而不同的发展阶段，债务融资的特点是不一样的。

①项目前期债务融资的特征

一是风险不确定性大。由于PPP项目含有多个利益主体，包含的合同、协议和经济活动复杂多样，导致PPP项目的风险种类多样化。由风险不确定性引发的与利益相关的结果和项目预期产生偏离存在付出巨大代价的可能。其一，受宏观政策和经济等外部环境影响大。其二，参与方违约风险较大。对政府方而言，政府对项目公司中社会资本方的股权加以限制，此种情况为相关负责人违法违规提供便利，容易促使PPP项目产生违法违规行为致使国有资产流失。对社会资本方而言，社会资本方设定的融资方案的目的为保全自身利益，但与政府追求社会资本的稳定投入相悖，容易导致项目公司股权转让或者控制权转移，使得合作终止。其三，担保方式存在隐患。PPP项目运行模式和政府间的担保方式不同，直接影响社会资本方进入PPP项目。

二是物有所值评价较难。目前，大多数PPP项目开展物有所值评价在实践中流于形式，因此，评价指标选取、评价和打分等存在或多或少的问题，多数项目没能真正对采用PPP模式是否物有所值做出公允的判断和评价。其一，指标体系不完善。现有开展的物有所值定性评价是按照财金〔2015〕167号文中的六项基本定性评价指标和补充评价指标进行的。在全国上下防范化解地方政府债务风险的大背景下，政府付费类PPP项目的推行十分谨慎。使用者付费收益来源的项目，使用者付费收入越高，越能减轻公共部门的负担，项目越物有所值。然而，目前的物有所值定性评价指标体系在这些方面比较欠缺，导致相关项目开展物有所值评价不够全面和精准。其二，评价标准宽泛模糊。财金〔2015〕167号文仅对六项基本评价指标有简要说明，对于补充指标仅进行简单列举，缺乏阐释说明。由于咨询机构对选取指标未详细分析，专家仅按五个等级进行评价打分难以切合实际，并且各行各业项目咨询机构人员专业能力参差不齐，对文件指标的理解和经验相差较大，一旦咨询机构对各指标的解释说明有失偏颇，将直接造成专家给出的物有所值定性评价不准确。

②建设期债务融资的特征

一是金融机构的债务追索权有限。首先，金融机构追索的对象和主体较为单一。金融机构无法通过社会资本方和政府方对PPP项目收益实现有限追索，仅能向项目公司主张权利。金融机构一般直接与项目公司签订融资合同，根据合同相对性原理，项目公司股东的社会资本方也承担一定的融资或担保责任，但由于社会资本方不是PPP项目收益的直接主体，金融机构也无权向社会资本方直接追索PPP项目收益。其次，缺少追索的客观条件。项目公司在建设期内的现金流量大部分属于杠杆资金，并且建设期内债务性投资较多，现金流量呈现的是负值，但金融机构主导放贷对资金用途有严格的监管措施，视情况会关闸停贷以实现权利救济。因此，建设期内的现金流量不能作为金融机构的客观追索对象。目前，项目公司的现金流主要来自政府可行性缺口补助付费、政府付费和使用者付费。纯政府付费项目方面，政府付费机构往往是地方财政局，财政局依据人大审批的预算进行付费，属于行政管理行为，金融机构没有法律依据追索财政局直接向自己付费。使用者直接付费方面，为树立收费的权威性，一般要求使用者直接支付服务费至政府或其指定机构（账户），政府方对项目公司的运营绩效进行评价和考核后向项目公司支付。由于政府方与金融机构不存在合同关系，金融机构没有法律依据对该部分现金流主张追索权。

二是缺少债务融资的增信主体。项目建设阶段是将策划设计阶段的成果付诸实践并进行债务融资的关键阶段，它需要完成资产数据信息的形成整理。但因施工过程不可预见性蕴藏着较为复杂的风险因素，所以建设阶段是参与各方内部处于薄弱控制和项目交接的关键节点。PPP项目债务融资常用的增信方式主要有保证、抵押、质押、留置和定金，通过合理的增信设置，可以减少信息不对称和合作不信任等原因造成的额外建设成本。PPP项目的增信结构与项目自身的经济强度是相辅相成的，项目经济强度越强，增信结构设计越简单，项目经济强度越弱，增信结构设计的要求越高。PPP项目建设期债务融资增信措施主要集中在保函、应收账款质押、固定资产质押、股权质押、预付款、项目收益质押等形式上。PPP项目总债务融资增信措施尚未涉及运营期运用预期未来现金流、特许经营权、收益权、其他合同权益等债务融资增信措施。由于新成立的项目公司资产不足，在债务融资政策收紧的情况下，社会资本方想要脱离担保的风险，股权质押、项目收费权质押等在实际操作中难以落实。想要进一步发展，则需要其可以运用收费权、特许经营权、预期收益权等增信措施帮助项目收益债、资产证券化的实施。

③运营期债务融资的特征

一是项目未来现金流存在较大不确定性。PPP项目运营期的融资特点主要表现在政府财力、诚信和按效付费等直接影响未来项目现金流的因素，项目还款来源或未来收益具有较大不确定性。运营期相比建设期，其市场需求主体已经发生偏好变化。当项目建成竣工并投入运营之后，盘活存量资产、提高资金收益是PPP项目运营阶段的首要融资需求，项目收益已经不确定。在项目运营期间，可以以项目未来现金流为偿债来源的项目收益债，或者以项目未来收益权或特许经营权为基础资产设计结构合理的资产证券化产品。在PPP项目运营期债务融资转让过程中，债权主体资格随着债权的转让而转移，而以收益权为基础资产的PPP资产证券化通过设立SPV能实现风险有限隔离。

二是债务融资工具特点与运营期匹配度不足。目前参与PPP项目的融资工具，主要包括银行贷款、银行理财、保险资金、债券（公司债、企业债、项目收益债、短融、中票、PPN等）、ABS、融资租赁等。这些融资工具的期限通常为5~10年（如银行固定资产贷款一般是5~15年；银行理财一般是3~5年；中长期债券期限一般为7~10年），最长的一般也只有15年；保险资金可以相对较长，但最长也仅为15年左右，且保险资金条件甚高，一般项目很难使用保险资金。融资工具的期限与

PPP项目动辄20年、30年的运营期相比，显然不足以满足。在PPP项目以往的实际操作中，对于标的资产存续期较长，而银行理财产品相对期限较短的情况，通常采用延期或者滚动模式来进行匹配。在资管新规背景下，资管的产品期限错配将受到严格控制，根据资管新规的要求，资管产品不可进行滚动设立资金池，且同时需对产品期限和底层资产期限严格匹配，以达到全周期支持项目长期运营需求的目的，也同时避免了投资于标的产品的资金链断裂而导致一系列非系统性风险。社会资本方在引入财务投资人或进行项目融资时，事前应当与金融机构就融资期限、受益权及退出方式予以明确，并做好再融资的事前安排，或是引入期限结构与PPP项目更匹配的资金（如探索引入险资、社保资金等对风险偏好低、期限长但要求现金流长期稳定的项目）。

2.2.4 PPP项目投融资管理的内容

对于社会资本方而言，良好的投融资实力是开展PPP项目运作的必要条件，而管理能力又决定了投融资实力能否充分发挥，从而使得PPP项目投融资管理成为项目顺利运作的重要因素。从管理流程来看，PPP项目投融资管理应当包括投融资原则管理、投资预算管理、融资方案编制管理、融资方案审批管理、融资方案变更管理、资金计划管理。

（1）投融资原则管理

由于PPP模式旨在缓解地方政府的财政支出压力，创新公共基础设施的供给方式，具备公私合营的性质，社会资本方作为PPP项目的运作主体，负责落实项目的投融资责任。具体到社会资本方来看，PPP项目投融资需要在法律法规的要求下，符合公司的预算管理办法，进而提高投资效率和效益。如果社会资本方属于央企，还应当遵守国资委《中央企业投资监督管理办法》和资产负债率等方面的管控要求，相关投融资活动需要符合国家的政策导向。因此，社会资本方在PPP项目投融资中，通常要遵循一定的原则，实施原则管理。

（2）投资预算管理

PPP项目属于社会资本方的投资项目，社会资本方需要通过股权投资、股东借款等方式为项目提供融资支持。随着管理会计在我国的快速发展，企业普遍推行全面预算管理，对一定时期内的生产经营活动、投资决策活动和资本运作活动进行预测，并将各类财务及非财务资源在不同活动中进行分配、考核、控制。而社会资本方的PPP项目股权出资和股东借款都属于企业投资决策活动，需要按照一定的方法编制投资预算，明确投资预算管理的目标，并进行预算审批、管控、调整和考核工作，实施投资预算管理。

（3）融资方案编制管理

在PPP项目运作中，由于社会资本方负责落实项目的投融资责任，需要编制融资方案，导致PPP项目投融资存在预算方案编制管理的要求。首先，社会资本方融资方案编制管理需要明确具体的编制部门，确定编制期限，落实编制责任。其次，具体到融资方案上，通常要明确政府资格预审、招标文件的规定和要求，综合考虑投融资原则、项目的实际情况、资本市场情况、社会资本方自身的资本结构及财务状况等因素，确定项目融资结构，并选择合适的融资工具。最后，融资方案应当明确具体的融资成本、融资期限、融资附加条件，并测算融资方案对社会资本方核心财务指标的影响。

（4）融资方案审批管理

融资方案编制完成后，社会资本方需要开展审批流程，实施融资方案审批管理。融资方案审批可分为初审和终审。在初审环节，融资方案编制部门应当在履行内部决策程序后，报公司财务和投资部门初步审批，财务和投资部门与律师事务所、会计师事务所、金融机构沟通后，提出修改意见，反馈至编制部门，编制部门据此对融资方案进行完善。在终审环节，融资方案作为投资项目投标方案的一部分，经相关部门评审后，履行内部决策程序。

（5）融资方案变更管理

由于我国PPP模式仍处于实践阶段，国家不断出台政策约束社会资本方和金融机构的PPP投融资行为，导致PPP项目具备较强的政策性，社会资本方需要对融资方案实施变更管理。融资方案变更管理需明确变更原则、变更范围、变更决策程序。在变更原则方面，通常以企业目标管理为原则，确保不违背经济形势和企业战略管理的要求；在变更范围方面，融资方案变更应包括不可抗力因素造成的变更、投资额重大变化、融资模式和融资结构变更；在变更决策程序方面，融资方案变更属于企业投资活动重大变化，需要经过各职能部门审批，并履行相应决策程序。

（6）资金计划管理

当融资方案进入落实阶段时，社会资本方需要开展资金计划管理。资金计划管理分为融资计划和资金收支计划。其中，融资计划是资金收支计划的基础，融资资金的到位情况应与项目进展相匹配，尽可能减少资金沉淀，从而降低融资成本。而资金收支计划采取由下而上的编制方法，由施工项目部根据工程进度、材料采购情况编制出月度、季度和年度资金支付计划，PPP项目公司在此基础上编制资金收支计划，实现项目建设现金流和融资性现金流的匹配。

2.3 理论基础

2.3.1 新公共管理理论

从20世纪80年代开始，发达国家为改进政府治理方式，形成了新公共管理理论。

该理论认为政府需要将自己定位成政策制定者，并不需要亲自去执行政策，建议政府将管理和执行分离，只掌舵而不划桨。针对具体的执行活动，应当采用企业的管理方法，以市场价值为导向，达到提高公共管理效率的目标。而Patrick（2005）认为PPP模式具备高效的社会融资能力，能够快速推进公共设施的供给，有利于降低政府的财政支出压力，相对于传统的政府投资方式具有比较优势。在此背景下，Jane和Richard（2002）发现，20世纪90年代英国在基础设施建设领域正式引入PFI（私人融资计划），鼓励私人部门积极参与公共设施项目的投资，此后PPP模式在全球得以快速推广。而具体到PPP项目资本金融资领域，社会资本方通常作为项目资本金的融资主体，负责PPP项目的融资、建设和运营工作；而政府在项目资本金中不出资或者出资较少，不负责项目具体的融资流程，更多的是充当参与者和监督者。由此可见，新公共管理理论为PPP模式及其项目资本金融资的发展奠定了基础。

2.3.2 项目融资理论

项目融资起源于欧洲，因为能够隔离业务风险，被广泛用于大型公共基础设施、自然公共资源和公用事业领域的项目建设。意大利经济学家Stefano（2008）曾从金融经济学的理论视角入手，探讨了项目融资的科学性和合理性。Stefano指出，当企业进行投资项目决策时，通常会对比资本成本和投资收益率，当资本成本低于投资收益率时，企业则会进行项目投资。但是该方法过于简单，忽略了新项目的投资给资本成本带来的影响。因此，Stefano在投资组合理论的基础上指出，如果新项目或新业务的投资规模高于公司原有的资产总量，风险也超过目前既有业务的总体水平，且新的投资项目和原有的主营业务存在较高的关联度，对新项目的投资反而会削减企业的价值，产生“污染风险”。在这种情况下，聪明的投资者会事先评估此类项目的污染风险，从而预先提高企业的资本成本，然后再与新项目的投资收益率相比较，如果后者继续高于前者，企业才会通过并表的方式进行项目投资；反之，则应当采用项目融资模式，项目融资能够发挥风险隔离的效果，使新项目不会污染公司原有的主营业务。由于PPP项目公司需要大量借款，存在较高的财务杠杆，一旦项目并表很可能会影响社会资本方的财务状况。因此，以建筑类央企为代表的社会资本方通常倾向采用项目融资模式，尽量降低自身在PPP项目资本金中的出资比例，从而实现PPP项目的表外运作和风险隔离。

与传统的政府采购基础设施建设不同，项目融资通常应用在PPP模式项目建设中。项目融资的主要风险体现在项目的本质上，通过社会资本投资者的引入和项目提供公共产品和公共服务，各参与方需要高效协作，降低项目融资成本，从而顺利地进行项目程序的安排，缓解项目风险，达到各方合理分担风险的目的，最终完成项目融资。

2.3.3 控制权理论

控制权理论形成于20世纪80年代末，以融资契约的不完全性为基础，旨在探寻企业控制权的优化配置方案。控制权理论认为投资者和管理者在企业中的关系是不断变动的，呈现出动态的局面。杨瑞龙(1997)曾指出，如果不存在法律法规的事先要求，企业控制权的让渡必须基于股东之间的自愿谈判，企业所有权的依存性实际上并不等于支配权的自动让渡。当某些股东通过某些征兆预见其未来利益即将受损时，为了保护自身的资产安全，可能会倾向重置企业的控制权，执行相机治理程序。在该理论下，控制权的归属将决定企业的融资模式，而融资模式也会影响控制权的变动，两者互相制约。在PPP项目资本金融资中，社会资本方需要设计资本金融资方案，并落实自身的出资责任，成为项目公司的股东。而国内PPP项目的社会资本方多为国有建筑施工类企业，国有企业受到资产负债率的监管，如果对PPP项目公司进行控制，可能会对其财务状况产生负面影响。为避免PPP项目并表，国有建筑施工类企业通常会尽可能减少在项目资本金中的出资比例，倾向其他联合体成员名义上控制项目公司。因此，在研究PPP项目资本金融资模式时，控制权理论可以对其进行必要的解释。

2.3.4 生命周期理论

1959年，Mason Haire通过生物的生命周期得到启发，提出企业在不同的发展阶段应采用与之相配套的债务融资方式，命名为生命周期理论。1980年之后，丘吉尔、刘易斯、葛雷纳以及伊查克·爱迪思等人开始把融资模型引入生命周期理论。Berger（2007）认为对于初创期的企业，采用天使投资、政府有关部门补助、风险投资或自筹资金完成融资。企业发展到一定阶段后适用融资租赁、银行贷款、内源融资和信用担保贷款等融资方式。当企业进入成熟期时，可以选择IPO上市发行股票或发行债券等融资，也可以利用信用升级向金融机构贷款。当企业进入衰退期时，可以选择并购重组。PPP项目的全生命周期就如同企业的各个发展阶段，在PPP成立初期，“出表”问题困扰着社会资本方，项目公司过于依赖银行贷款，不得不通过引入产业投资基金和资管资金等措施融资。在建设阶段，政府财政资金的注入和社会资本方的担保帮助PPP项目利用固定资产建设贷款、银团贷款、公司债、私募债、中期票据和发行项目专项债券等方式进行债务融资。在运营阶段，PPP项目以未来产生的现金流作为支持，采用资产证券化、资产支持票据等债务融资方式融资。在退出阶段，PPP项目考虑采用IPO上市或并购重组等方式融资。

2.3.5 交易成本理论

诺贝尔经济学奖得主Coase在1937年提出交易成本理论，其根本论点强调对企业本质的解释。企业的专业分工与市场价格机制在经济体系中运作，产生了专业分工的现象。Coase（1937）提出交易成本包括约谈成本、签订成本、监督成本和处理纠纷在内的四项成本。Dahlman（1979）认为交易成本是指当交易行为发生时，产生的信息搜索、条件协商与合同实施等各项成本，根据不同的交易活动内容进行类别化处理。威廉姆斯（1985）根据双方协议提出交易成本产生前后的四项成本，包括：（1）交易偏离准则之后所发生的不适应成本。（2）发生争议之后所产生的成本。（3）项目运营期间产生的成本。（4）协议生效促使产生的保证成本。根据交易成本的阐释，PPP项目债务融资的全生命周期都涉及交易成本的产生，并且，交易成本的完善性直接影响PPP项目债务融资的完成情况。

第3章 SJ公司PPP项目概况及融资管理办法

3.1 SJ公司PPP项目概况

3.1.1 SJ公司简介

SJ公司是具有综合施工能力的大型建筑企业，持有铁路、公路、房屋建筑、市政工程4项施工总承包特级资质和铁道、公路、建筑、市政、测绘5项行业甲级资质，是全国建筑行业中为数不多的“四特五甲”施工企业。此外，SJ公司还在众多领域拥有总承包及专业承包资质90多项，并具有国外承包工程资质和对外经营权。业务范围涵盖建筑安装业绝大部分领域，以及新材料研发生产、工程设计与监理、物流贸易与服务业、房地产、基础设施BT和PPP等投资项目。业务范围分布在全国近30个省、直辖市、自治区，以及海外安哥拉、委内瑞拉、埃塞俄比亚、蒙古国、印度尼西亚、巴拿马、斯里兰卡、马达加斯加、孟加拉国、哥斯达黎加等近20个国家。

拥有2个国家级企业技术中心、11个省级企业技术中心、1个博士后工作站、2个省级工程（技术）研究中心等多个高等级创新平台，累计获得国家科技进步奖13项、省部级与行业科技进步奖387项、国家级工法24项，累计获得国家授权专利1 443项，荣获中国土木工程詹天佑大奖34项、鲁班奖28项、国家优质工程奖45项。

SJ公司累计参与新建、改扩建铁路干、支线和专用线总里程近2万千米，建成大型铁路枢纽10余个，以及一大批非铁路交通、市政等基础设施项目和海外工程项目。不断创新投资模式，先后以资本金BT、PPP+政府购买服务、PPP+EPC+使用者付费、PPP+政府补贴等模式在安徽、山东、江苏、广东、海南等多个地方实施了一大批包括高速公路、轨道交通、市政道路、地下管廊、海绵城市等不同业态的投资项目，并引入基金、信托等金融机构，实现了“以小撬大”的杠杆投资效应。截至2019年年底，在土地一级开发、房地产开发、基础设施建设等领域的投资项目共计85个，总投资规模约1 416亿元。伴随日渐扩大的投资规模和第一批投资项目投入运营，基础设施的运营管理正在成为SJ公司业务板块的重要一极。2017年，SJ公司成立了投资运营公司，聚焦生态环保、城市综合运营，打造智慧运营平台。截至2019年年底，管理运营项目7个，全局综合管廊、市政道桥运营里程累计突破300千米。

SJ公司多次获得“全国优秀施工企业”“全国五一劳动奖状”“全国思想政治工作优秀企业”等荣誉，先后被评为“全国文明单位”“国家知识产权示范企业”“全国重合同守信用企业”“全国工程建设质量管理优秀企业”“全国建筑科技进步与技术创新先进单位”“中国品牌文化影响力十大最具价值品牌”“中国企业形象管理典范单位”“全国模范劳动关系和谐企业”“‘十二五’中国创新品牌企业”“全国质量诚信标杆企业”“全国建筑业AAA级信用企业”等。2019年，SJ公司被评为“中华人民共和国成立70周年工程建设行业‘功勋企业’”。

3.1.2 SJ公司PPP项目的发展状况

（1）PPP项目的中标情况分析

随着2014年国内PPP模式的推广，2015年SJ公司开始涉足PPP业务，并于同年7月中标A项目，此后PPP项目已经成为SJ公司投资开发板块的重要组成部分。在2015年至2019年间，由于PPP项目中标规模快速上升，投资开发板块持续发展，SJ公司新签合同额由746亿元增至1 650亿元，增幅高达121.18%。其中，2016年PPP项目的中标规模最高，达到322.63亿元，占SJ公司新签合同总额的31.29%。但是，SJ公司PPP项目的中标规模在2016年后呈现下降趋势，在投资开发板块和新签合同额中的占比也持续走低。截至2019年12月31日，SJ公司已中标60个PPP项目，总中标金额高达983.40亿元，PPP项目占投资开发板块的比重高达83.51%，已经成为SJ公司业务增长的重要助推器。

（2）PPP项目的融资、建设和运营情况分析

SJ公司作为联合体牵头人及PPP项目中的社会资本方，具备施工建设资质，不仅是PPP项目公司的股东，还是PPP项目的施工方和运营方，需要负责项目的融资、建设和运营工作。截至2019年12月31日，SJ公司主导的22个PPP项目资本金应出资总额为110.58亿元，其中SJ公司应出资75.06亿元，已累计出资35.76亿元，剩余出资额39.3亿元。目前，以A项目为代表的5个PPP项目已经进入运营期，12个项目处于建设期，5个PPP项目因项目前期手续不完善、土地指标等问题尚未开工或处于停工状态。

（3）SJ公司参与PPP项目类别分析

SJ公司为便于内部管理，将承揽的PPP项目分为主导主投项目、参股跟投项目、短期投资项目和不出资项目四大类。截至2019年12月31日，主导主投项目22个，其中8个项目纳入表内核算，14个表外项目；

合同额达到489.23亿元，项目资本金110.57亿元，SJ公司应出资额75.06亿元；参股跟投项目23个，全部属于表外项目，合同额达到284.06亿元（以承揽建安合同额计算），项目资本金22.52亿元，SJ公司应出资额12.75亿元；短期投资项目有5个，均为表外项目，合同额达到87.49亿元（以承揽建安合同额计算），SJ公司应出资额28.43亿元；不出资项目有10个，全部为表外项目，合同额达到122.6亿元（以承揽建安合同额计算）。根据资料，主导主投项目无论从项目个数还是合同额角度考虑，都在SJ公司PPP项目中占据主导地位，可作为SJ公司PPP项目代表。

（4）SJ公司参与PPP项目类别待出资情况分析

截至2019年12月31日，22个主导主投项目应出资额75.06亿元，已实际出资35.76亿元，待出资39.3亿元；23个参股跟投项目应出资12.75亿元，已实际出资5.52亿元，待出资7.23亿元；5个短期投资项目应出资额28.43亿元，已全部出资完毕；10个不出资项目，SJ公司不参股、不并表、不参与项目债务融资。

主导主投项目待出资39.3亿元，其中，2020年应出资18.71亿元，2021年应出资14.56亿元，2022年应出资6.03亿元；参股跟投项目待出资7.23亿元，其中，2020年应出资4.65亿元，2021年应出资2.58亿元。

（5）SJ公司参与PPP项目行业分析

2016年10月，国家发展改革委、住房城乡建设部联合印发《关于开展重大市政工程领域政府和社会资本合作（PPP）创新工作的通知》，开展深化中小城市和市政领域相关行业PPP创新工作。2017年3月发布《关于进一步做好重大市政工程领域政府和社会资本合作（PPP）创新工作的通知》（发改投资〔2017〕328号），市政工程作为民生领域的重要保障在PPP项目库中数量最多，特别是在垃圾处理、污水处理等公共服务领域，项目一般有现金流，市场化程度较高，PPP模式运用较为广泛，操作相对成熟，各地新建项目要“强制”应用PPP模式，中央财政将逐步减少并取消专项建设资金补助。由于短期投资项目和不出资项目不具备代表SJ公司PPP项目的特征，故在此不做研究探讨。全书主要以主导主投项目和参股跟投项目作为研究对象（如图3-1所示）。主导主投项目中，市政工程类有15个，交通运输类有3个，保障性安居工程、城市综合开发、体育和政府基础设施各1个；参股跟投项目中，市政工程类有12个，生态建设和环境保护有6个，交通运输类有5个。主导主投项目和参股跟投项目合计有市政工程类项目27个，交通运输类8个，生态建设和环境保护6个，其余各1个。市政工程类PPP项目在SJ公司PPP项目行业分类中占比最大，市面上PPP项目也是在市政工程类PPP项目占比最大的类别。

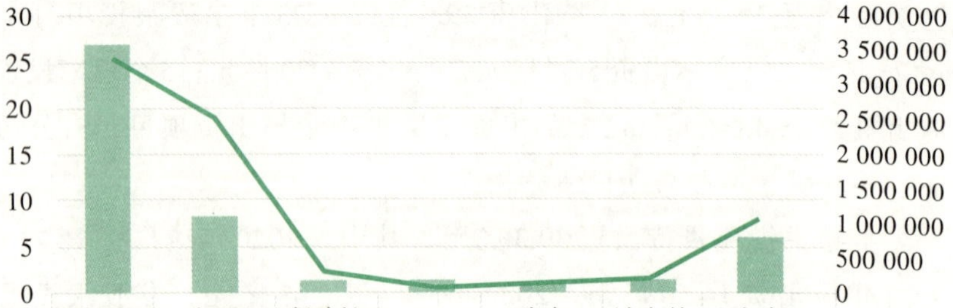

	市政工程	交通运输	保障性安居工程	体育	政府基础设施	城市综合开发	生态建设和环境保护
数量	27	8	1	1	1	1	6
金额	3 421 069	2 553 212.7	278 635	71 293	135 060	219 643	1 054 080.4

图3-1 SJ公司PPP项目行业分析（单位：万元）

（6）SJ公司参与PPP项目回报机制分析

全书主要以主导主投项目和参股跟投项目作为研究对象，从PPP项目回报机制角度分析，SJ公司一共参与22个可行性缺口补助项目、4个使用者付费项目和19个政府付费项目（如图3-2所示）。其中：主导主投项目有7个可行性缺口补助项目，合计金额为154.59亿元；2个使用者付费项目，合计金额为157.65亿元；13个政府付费项目，合计金额为177亿元。参股跟投项目有15个可行性缺口补助项目，合计金额为182.02亿元；2个使用者付费项目，合计金额为50.62亿元；6个政府付费项目，合计金额为51.42亿元。

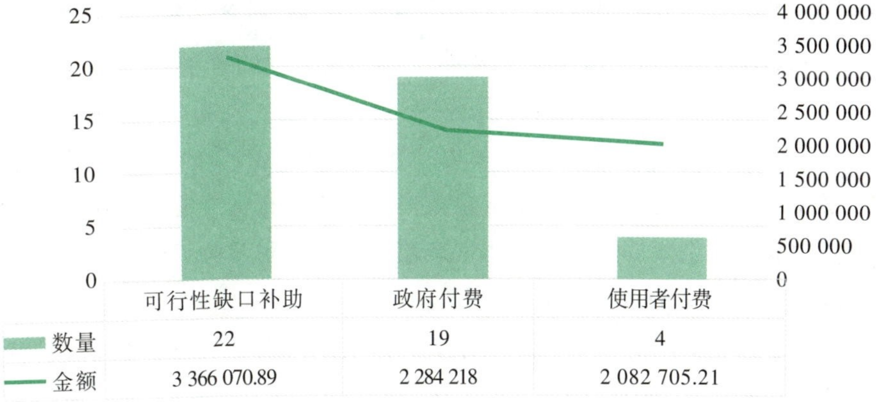

图3-2　SJ公司PPP项目回报机制分析（单位：万元）

在执行落地PPP项目中，当前财政体系及市场环境下，政府付费仍然是主流之选，但采用可行性缺口补助回报机制已是大势所趋。现阶段，财政部引导PPP项目挖掘“经营性收入”，减轻财政负担，各地正在逐步探索PPP项目实现可行性缺口补助或使用者付费的回报机制。在实际操作中，项目的核心边界条件严格限制了项目回报机制的选定。PPP项目的回报机制的设定直接影响政府承担的付费责任，进而影响当地的财政支出。倘若一味地按照传统的政府付费模式进行运作，则与当前财政部门推广PPP时提出的优化财政支出结构、减轻财政支付压力的初衷相违背。若违背市场规律强行确定可行性缺口补助或使用者付费的回报机制，则无形之中加大了项目投资者的风险、增加了项目失败的风险。

3.2 SJ公司PPP项目融资管理办法

3.2.1 SJ公司PPP项目投融资管理制度设计的背景及目标

3.2.1.1 SJ公司PPP项目投融资管理制度设计的背景

（1）国有资产监管的需求

SJ公司作为中央企业二级单位，接受国资委的管理。为优化国有经济布局结构，提高国有资本配置效率，防止国有资产流失，国务院和国资委曾多次发文要求加强国有资产监管。国务院《关于改革和完善国有资产管理体制的若干意见》（国发〔2015〕63号）中指出国有企业要管好国有资本布局、规范资本运作、提高资本回报、维护资本安全。国有资本投资、运营公司必须依据公司法等相关法律法规，对所出资企业依法行使股东权利，以出资额为限承担有限责任。国有企业要建立财务管控模式，重点关注国有资本流动和增值状况以及所出资企业执行公司战略和资本回报状况。《中央企业投资监督管理办法》（国资委令第34号）中也要求央企把握投资方向、规范资本运作、提高资本回报、维护资本安全，推动中央企业强化投资行为的全程全面监管。具体到SJ公司PPP项目而言，PPP作为一种新型的项目融资及运营管理模式，尤以前期的投融资工作为重点，一旦投融资环节出现问题，将可能导致整个项目运作的失败，造成国有资产的流失。因此，必须要建立完善的PPP项目投融资管理制度，通过制度规范项目的投融资活动，确保国有资产的保值增值。

（2）资产负债率的指标要求

为保证国有资本的健康可持续发展，进一步增强经济发展的韧性，国资委要求中央企业加强资产负债率管控并设置管控红线，规定工业企业不得超过75%，非工业企业不得超过80%。在去杠杆的宏观背景下，国资委要求国有企业资产负债率进一步下降，中共中央办公厅、国务院办公厅于2018年9月印发了《关于加强国有企业资产负债约束的指导意见》。意见要求分类确定国有企业资产负债约束指标标准、完善国有企业资产负债自我约束机制并强化国有企业资产负债外部约束机制，推动国有企业平均资产负债率到2020年年末比2017年年末降低2个百分点左右。而社会资本方参与PPP项目时，为减少自有资金的占用规模，通常将项目资本金设置在20%的最低标准上，导致PPP项目公司的资产负债率在建设期及运营前期达到峰值。为有效防范中央企业PPP经营风险，2018年11月24日，国资委下发《关于加强中央企业PPP业务风险管控的通知》（国资发财管〔2017〕192号），纳入中央企业债务风险管控范围的企业集团，累计对PPP项目的净投资原则上不得超过上一年度集团合并净资产的50%，不得因开展PPP业务推高资产负债率。SJ公司作为建筑施工类央企二级单位，间接受到国资委资产负债率的监管要求，如果SJ公司将PPP项目公司纳入合并报表范围，可能会推高企业合并层面的资产负债率。因此，SJ公司必须建立完善的投融资制度，通过顶层设计来明确PPP项目运作原则，确保不会因为开展PPP项目而影响自身的资产负债率。

（3）国家持续加强对PPP项目投融资的监管

随着PPP项目持续开展，社会资本方为减少自身项目资本金的出资规模，导致PPP投融资问题泛化异化。为此，2017年11月10日，财政部颁布了《关于规范政府和社会资本合作（PPP）综合信息平台项目库管理的通知》（财办金〔2017〕92号），将“未按合同约定落实项目债务融资、未按时足额缴纳项目资本金、以债务性资金充当资本金或由第三方代持社会资本方股份、政府回购社会资本方投资本金并承诺固定回报”等行为界定为违规行为，将对此类项目集中清理出库。国资发财管〔2017〕192号文要求中央企业落实股权投资资金来源，不得通过引入“明股实债”类股权资金或购买劣后级份额等方式承担本应由其他方承担的风险，不得为其他方股权出资提供担保、承诺收益。同时，在债务融资方面，融资期限需要与项目生命周期匹配，争取长期低成本资金支持，原则上应由项目自身权益、资产或股权投资担保，确需股东担保的应由各方股东按照出资比例共同担保。2018年3月28日，财政部出台《关于规范金融企业对地方政府和国有企业投融资行为有关问题的通知》（财金〔2018〕23号），要求国有金融企业向PPP项目提供融资，应按照“穿透原则”加强资本金审查，确保融资主体的资本金来源合法合规，融资项目满足规定的资本金比例要求。若发现存在以“明股实债”、股东借款、借贷资金等债务性资金违规出资或出资不实的问题，国有金融企业不得向其提供融资。在一系列与PPP投融资相关的政策叠加效应下，为实现PPP项目的规范运作，SJ公司需要对自身的PPP项目投融资进行标准化管理。

（4）SJ公司PPP项目投融资问题凸显

为适应国家经济新常态和建筑行业发展的新态势，SJ公司将投资作为带动主业发展的有效手段。作为产融结合的一种新模式、新实践，PPP项目已成为公司投资业务领域的主流模式。但是，PPP模式本身的复杂性、长期性、多样性，再加上作为一项新生事物，SJ公司各层级对PPP模式普遍存在“认识不足、理解不深、实操不够、经验缺乏”的问题。无论是理念上，还是工作思路与方法上都存在着严重的“路径依赖”。尤其在PPP的投融资方面存在着大量问题，具体表现在以下几个方面：

①投资战略引领有待提高

SJ公司作为建筑施工类企业，以社会资本方身份参与PPP项目招标，其主要目的在于承揽施工主业份额，这就导致了公司管理层未对参与PPP项目的类别、项目付费机制、项目所在区域等设定明确的市场开发战略。以SJ公司主导实施的PPP项目为例，投资回收风险较大、完全依靠地方政府信用的政府付费项目占比过大，未主导参与园区开发类PPP项目，缺乏可为企业带来持续现金流的优质PPP项目资产；同时也与企业未来转型升级、打造全产业链建筑服务供应商的发展理念不符。

②投资空间有限

一方面，建筑施工类企业为重资产企业，其权益资本主要来源于上级母公司投入资本及企业自身经营积累。根据SJ公司财务部提供的“投资能力分析报告”，以2019年累计中标PPP项目资本金应出资金额测算，2020年SJ公司投资空间将达到瓶颈；为此，SJ公司须加快推动PPP项目资产证券化、实现资产负债表“腾笼换鸟”。虽然财政部、发改委、央行等监管部门（机构）密集下发了多个支持PPP项目资产证券化的文件，但在目前市场环境下，PPP项目资产证券化仍然是“雷声大、雨点小”，多集中在使用者付费项目，且社会资本方提供了不同程度的增信措施。

另一方面，建筑施工类企业处于市场竞争弱势地位，应收账款账期与应付账款账期不匹配，受国务院、国资委清理民营企业欠款强制性要求影响，建筑企业“快收、缓付”的资金集约效应逐步削减；而PPP项目投资属于长期资产配置，若两种因素叠加，则可能导致建筑企业极大的流动性风险。

③融资落地难、融资贵

PPP项目融资落地难，以银行为代表的金融机构手握资源，坐望少数优质项目，致使融资成本居高不下；而高额的融资成本也影响社会资本方的积极性，继而导致PPP项目推进困难。主要原因为：

一是项目前期手续不完善。随着PPP模式的兴起，部分地方政府为扩大基础设施投资，将不符合运作规范的项目包装成PPP项目实施，导致项目“四证一照”、环评、规划许可无法办理，或项目无运营内容，不符合金融机构授信条件，项目融资无法落地。

二是金融机构要求苛刻。PPP项目运作的核心是政府方、社会资本方、金融机构等各参与方“风险共担、利益共享”，以项目收费收益权为质押获取银行融资。但在实操中，部分金融机构仍按照传统固定资产贷款业务办理思路，要求社会资本方提供连带责任保证担保、差额补足、各类承诺函等增信措施，不仅违背了PPP初衷，也增加了社会资本方责任，尤其是以SJ公司为代表的各中央企业及其所属子企业，还违反了国资委、集团内不得为PPP项目提供增信之相关管理要求，导致PPP项目落地难。

三是金融市场流动性不足。随着2018年4月27日银保监会、证监会、外汇局联合发布《关于规范金融机构资产管理业务的指导意见》，向市场释放了加强金融监管的强烈信号，大部分原有融资模式无法为继，如设置了优先、劣后层级的产业基金模式，委托贷款模式，多层嵌套融资模式等；同时金融机构自身受制于监管、风控和资金规模的压力，对项目条件、投放领域、投放方式的审批极为严格，融资成本不断上升。

④PPP投融资专业性管理不强

由于PPP项目投融资在融资主体、融资信用基础、资金用途、还款来源、追索方式等方面与传统的公司投融资存在重大差异，导致PPP项目投融资风险较高。同时，PPP项目投融资涉及招投标、建设、运营和移交等阶段，需要SJ公司内各职能部门和投资公司、运营公司、工程公司等子分公司通力协作，才能优化PPP项目投融资管理制度、流程，以便顺利推进PPP项目的投融资工作。但SJ公司对PPP项目投融资的专业性管理不强，PPP项目投融资的具体业务流程有待进一步优化、完善。

3.2.1.2　SJ公司PPP项目投融资管理制度设计的目标

（1）明确运作流程，降低融资成本

制度设计的首要目标在于确定SJ公司PPP项目投融资的运作流程，通过流程管理来明确具体的业务规范和相应的决策程序，进而落实各投资公司、运营公司、子分公司以及总部相关部门在PPP项目投融资工作中的责任和目标，实现集团内PPP项目投融资管理有据可依、有章可循，有利于完善企业管理，提高PPP项目的经济效益。此外，在制度设计后进一步从股权融资和债务融资两方面明确融资渠道，通过制度管理来尽可能约束投资公司的行为，降低PPP项目融资成本，只有这样，SJ公司在参与PPP项目运作中才能获取更多的经济利益，实现管理与效益的同步提升。

（2）规范方案编制，适应规范要求

一方面，设计PPP项目投融资管理制度能够从投资概算、项目合规性资料、出资代表、资本金设置及股权交易结构、项目贷款、项目收益及现金流测算等方面规范融资方案的编制，从投资公司、总部相关部门层面规范融资方案的审批和变更工作，实现融资方案编制层面的规范性。另一方面，为适应国家PPP项目规范化运作的趋势，针对PPP项目投融资方面的具体政策要求，设计出适用于SJ公司的规范性PPP项目投融资制度，也能够体现出SJ公司追求PPP项目规范化发展的目标和与时俱进的精神，进一步提高SJ公司PPP项目发展的质量和效益。

（3）创新投融资方式，拓宽业务范围

在PPP模式下，SJ公司可以进一步参与基础设施和公共服务领域的项目，这样才能够带来更多的施工主业合同。而PPP模式的核心在于项目融资，通过PPP项目投融资为企业完善上下游产业链提供机遇，采用PPP模式参与基础设施建设，有利于SJ公司实现投资、建设、运营一体化并打通上下游产业链，还能够广泛运用各类金融工具，参与金融创新。SJ公司将由原来单一的施工承包商向投资商、运维服务商等角色转变，经营结构将由原来单一的施工业务收入，向上有投资收益、中间有施工利润、下有运行维护服务收入的多重收益结构转变。所以，设计出PPP项目投融资制度能够拓宽SJ公司的业务经营范围，适应经济发展的新要求，实现行业转型的新局面。

3.2.2 SJ公司PPP项目投融资管理制度设计的过程

3.2.2.1 前期研究

为优化PPP项目管理，推进PPP业务快速发展，SJ公司于2017年上半年针对PPP项目多次开展研讨会，并对部分PPP项目、投资公司进行集中调研。

（1）内部研讨

在PPP项目研讨会上，与会人员一致认为，PPP项目的核心问题是投融资模式问题，项目的投资风险主要是决策层面的问题，在法律环境、商业模式和社会思维尚未转变的情况下，不能急于推行“包装”PPP，实则为“垫资”的项目。项目公司实质上是SJ公司运作的项目公司，项目公司对外融资不仅没有降低SJ公司的风险，而且增加了融资成本。融资风险是由于PPP项目需要足够的资本金，SJ公司的资产负债率较高，倾向于运用产业基金，但是产业基金作为纯财务投资者，存在合规问题而导致的。

在产融结合工作开展情况汇报会上，SJ公司财务部门认为PPP项目投入方式的受限条件较多，融资渠道单一，融资成本高，其中基金出资存在“明股实债”及约定具体报酬的风险。SJ公司需要与审计、监管、金融、税务、咨询机构等加强沟通协调，进一步具体明确出资模式、项目出表、注册资本之外资本金解决途径等解决方案，并从公司层面全面研究、制定PPP项目投融资相关管理的指导性意见，加强业务指导和帮扶。

在投资新业务研讨会上，投资发展部指出SJ公司原有的部分投资管理制度和办法已经难以适应目前的实际情况，需要重新进行设计。会议强调公司需要继续开展分组分项专题研讨，通过多种形式的交流、沟通、研讨，为制定相关制度办法、编写操作指南奠定基础，从而真正实现基础业务的制度化、流程化、标准化，达到管理规范，风险可控。其中明确指出，PPP项目投融资管理制度需要财务部按照业务流程梳理，明确时间节点，进行合理的分工，设计出具体的方案。

在PPP项目分业务板块研讨会上，投资发展部从管理角度上看，认为项目准入条件应该具备刚性措施，形成固定的流程和制度，信息要及时传递，避免导致SJ公司内各部门工作混乱。财务部指出，PPP项目投融资的核心在于股权结构和债务融资结构的设计，由于投资计划是刚性的，需要明确投资交底安排程序。投资业务作为PPP项目的前端，必须由投资公司来负责，但是目前很普遍的做法是由子分公司来办理。投融资如何管理，需要确定刚性条件和底线思维，必须尽快制定PPP项目投融资管理办法。

（2）实地调研

①针对PPP项目的调研

在HK市地下综合管廊项目公司和SX高速公路项目公司调研时，投资发展部认为投融资环节非常重要，前期项目建设资金主要使用权益性资金，后续项目贷款应及时跟进，需要重点关注放款的相关基本条件是否具备。SJ公司财务部门指出，在股权融资中引入产业基金模式问题越来越突出，产业基金模式存在期限不匹配、成本高企、退出机制不明确、付费无法实现等问题。同时，当项目公司股权变更时，有关SJ公司的决策程序、手续、资料需要完善。在债务融资方面，商业银行对单一项目或客户，10亿元以上贷款原则上要通过银团，超过30亿元必须通过银团，项目如何申请银团贷款，需要明确程序。

②针对投资公司的调研

在投资公司调研时，发现目前投资公司编制的PPP项目融资方案在上报总部之前并没有履行本公司的决策程序，投资进度也没有根据股权比例、利息支付的测算进行合理投放。SJ公司财务部门认为投资公司需要明确定位，投资公司在投融资方面应负责设计融资方案，协调银行、产业基金、政府之间的关系，同时也要创新投融资模式，当注册资本发生变化时，股权需要保持同比例变更。此外，在中标PPP项目的实际投融资管理过程中，仍面临项目出表、金融方案落地、投资节奏控制、局内各参与主体经济关系梳理、表外业务表内管理等一系列问题。因此，还需要进一步转变理念，适时出台SJ公司PPP投融资相关办法，编制业务规范或操作指南。

3.2.2.2 初步设计

2017年7月，根据前期制度论证和资料收集，参考SJ公司原有的投融资管理办法，由公司财务部门牵头，相关职能部门配合，经过多次研讨，初步设计出《SJ公司PPP项目投融资管理办法》和《SJ公司PPP项目投融资信息报告制度》。随后，2018年12月，为进一步加强PPP项目投融资管理，规范业务流程，由SJ公司资金管理部负责，又初步设计出《关于规范PPP项目施工单位向总部融资有关事项的通知》和《SJ公司PPP项目投标、履约类金融产品管理办法》。具体各制度的基本框架如下：

（1）《SJ公司PPP项目投融资管理办法》基本框架

《SJ公司PPP项目投融资管理办法》共分为6章，基本内容为：

第一章：总则。总则包括PPP项目投融资管理办法设立的目的、遵循的相关法律法规、投融资管理的基本原则和适用范围。

第二章：投融资职责划分。投融资职责划分是工作开展的前提条件，本章分别对投资责任、融资责任以项目类别进行划分，明确总部各职能部门在投融资工作中的权责，并要求各部门建立协同工作机制，形成合力，共同推进项目投融资落地。

第三章：投资预算管理。本章要求SJ公司对PPP项目投资资金实行预算管理，投资预算应满足有息负债、“两金”、总资产周转率、资产负债率等管控目标，将PPP投资预算分为股权投资预算、金融工具投资预算、项目融资预算、担保预算，并从预算编制时间、审批流程等方面进行详细规定。

第四章：投融资方案管理。本章首先规定了投融资方案编制的主责部门，明确了投融资方案的主要因素；并从方案评审、实施、变更三个方面规定了需履行的内部决策程序。

第五章：金融产品提供。本章旨在规范PPP项目金融产品提供的主体，及需履行的审批流程。

第六章：PPP项目投资及融资。本章分为PPP股权资金支付和PPP项目融资。在PPP股权资金支付方面，SJ公司投资发展部负责办理直管项目公司的股权资金支付手续，投资运营公司负责办理代管项目公司的股权资金支付手续，并明确支付审批流程。在PPP项目融资方面，将融资合同签订、融资提款、融资归还相关规定予以明确。

(2)《SJ公司PPP项目投融资信息报告制度》基本框架

《SJ公司PPP项目投融资信息报告制度》明确PPP项目投融资信息报告的主体为投资公司、运营公司和项目公司，同时将PPP项目投融资信息报告分为定期报告和不定期报告。其中，定期报告分为月报和周报，并设置具体的上报时间、上报单位。而不定期报告主要针对发生重大投融资变化的项目。

(3)《关于规范PPP项目施工单位向总部融资有关事项的通知》基本框架

《关于规范PPP项目施工单位向总部融资有关事项的通知》共分为4章，基本内容为：

第一章：融资申请条件。本章要求向SJ公司申请融资的PPP项目必须具备已签订项目合同、项目公司已成立、项目融资方案已落实、已履行项目开工审批手续等条件。同时，由于项目公司融资资金未及时到位导致参建单位生产资金短缺，且参建单位自身无力解决时，才允许PPP项目施工单位申请内部融资。

第二章：融资申请主体。本章明确融资的主体。设立总包部的PPP项目，以总包部作为融资申请主体；设立代总包部的PPP项目，以独立参建子分公司作为融资申请主体。

第三章：融资申请。本章明确融资申请的流程。融资申请需要提交项目概况、项目验工计价和资金拨付情况、申请融资数额和期限、资金具体用途、融资归还方案等报告。对于以独立参建子分公司作为融资申请主体的PPP项目还需要提交融资意见书和施工许可证；对于以总包部作为融资申请主体的项目，除上述材料外，还需提交参建子分公司出具的承诺书。

第四章：融后管理。本章主要包括放款、专款专用、还款等三类融后管理事项。在放款方面，融资主体需向资金管理部提交符合合同约定支付比例的详细支付清单；在专款专用方面，明确资金的指定用途和考核责任；在还款方面，明确总包部或代总包部承担归还融资款的代扣连带责任，如果总包部在融资期满时未能全额代扣和归还融资款，参建子分公司对缺口部分承担还款连带责任，并纳入绩效考核。

（4）《SJ公司PPP项目投标、履约类金融产品管理办法》基本框架

《SJ公司PPP项目投标、履约类金融产品管理办法》共分为5章，基本框架为：

第一章：总则。本章主要介绍投标类金融产品和履约类金融产品的具体内容，确立“谁申请，谁主责”的使用原则，明确投标、履约类金融产品管理办法的适用范围。

第二章：申请使用金融产品的前置条件。本章将履行项目评审、决策和投标审批程序，提供中标通知书、正式签订的相关合同或协议作为申请使用金融产品的前置条件，并将项目评审、决策和投标审批程序分为正常流程和例外流程，分别做出不同要求。同时，对联合体中标的项

目要求将《联合体协议》或《联合体合作补充协议》作为申请使用履约类金融产品的前置文件。

第三章：使用金融产品的申请和审批流程。本章要求申请使用金融产品的单位，需通过本单位财务部门向资金管理部提出申请，提供参与项目资格预审、参与项目正式投标、履约类金融产品等基础资料，并从投标类金融产品和履约类金融产品两方面出发，设立两套审批流程。

第四章：保函后续管理。本章要求各单位建立健全保函风险管控体系，指定专人负责保函的日常管理工作，及时办理保函的过程减额和到期注销手续，其中对于预付款的减额，应当从工程进度款中按比例逐渐扣减。

第五章：附则。本章要求境外项目和以上级单位名义投标或中标、由SJ公司管理实施的项目，按照本办法的规定向总部履行审批程序。

3.2.2.3 征求意见和制度确定

（1）征求意见

为进一步完善制度文件，实现制度要求与PPP实际情况的结合，进而推动SJ公司PPP项目投融资的顺利开展，在初步设计出PPP项目融资管理制度后，SJ公司向各投资公司、运营公司、项目公司和工程公司征求意见，各公司均对这4个制度提出了修改建议，本章以《SJ公司PPP项目投融资管理办法》为例予以说明（见表3-1）。

（2）制度确定

针对上述意见，考虑各类意见的可参考性及SJ公司PPP项目投资的实际情况，采纳投资公司提出的将“贷款利息约定为‘LPR5Y’或‘LPR5Y’基础上加减基点方式”、金融机构出具的书面承诺“具有法律效力”不符合实际情况等建议。经过财务部门多次的讨论修改，上报SJ公司党委常委（扩大）会议、总经理办公会和董事会进行审议，

表3-1 《SJ公司PPP项目投融资管理办法》意见反馈

对应章节	提议部门	意见内容
第一章：投融资管理的基本原则	投资类子分公司	建议加上“鼓励与国有实体合作原则，鼓励各投资开发公司与地方性或行业性有实力的国有实体企业合作，组成联合体参与项目投标，在投融资上实现风险和收益共担”
第四章：金融机构对接		建议加上“由财务部门、资金管理部牵头，首先对接各金融机构高层，指导各投资公司就具体的项目与各金融机构深入磋商”
		金融机构放款前置条件中列出“政府将项目服务费（含可用性服务费和运维服务费）纳入跨年度财政滚动预算和中长期财政规划文件以及人大决议等资料”。按照预算法，实际纳入预算的人大决议一般在付费的前一年编制预算时才能出具，融资放款时无法提供给金融机构
第四章：正式融资方案编制的时间		资格预审和正式投标前，需编制正式融资方案并报局评审，但是在实际操作过程中，PPP项目中标前，金融方案涉及的核心条款均未明确，无法出具正式的融资方案
第四章：正式融资方案初审		正式融资方案初审时，项目融资由外部金融机构运作的，要求“融资方案需由外部金融机构盖章确认，提供资本金融资方案的金融机构必须一并参会”
第六章：PPP项目融资		建议将“贷款利息约定为‘基准’或‘基准’基础上按比例浮动”
		考虑项目工期延误等因素，要求金融机构给予一定的宽限期，宽限期内融资费率不得上升。但是，如果设置的融资费率是浮动的，遇到基准上调时，融资费率会自动上升，该项要求较为模糊
		要求金融机构出具的书面承诺“具有法律效力”，但是通常该类意向性的文件不具法律效力

2017年9月正式发布《SJ公司境内PPP项目投融资管理办法》和《SJ公司PPP项目投融资信息报告制度》。《关于规范PPP项目施工单位向总部融资有关事项的通知》和《SJ公司PPP项目投标、履约类金融产品管理办法》经过资金管理部多次研讨后，分别于2018年2月和2019年5月发布。

3.2.3 制度印发及实施

（1）《SJ公司境内PPP项目投融资管理办法》的印发及实施

为进一步规范PPP项目投融资管理，明确PPP项目投融资工作应遵循的基本原则，规范融资方案的编制、审批、变更以及资金投放等业务流程和决策程序，落实各投资公司、运营公司、配合投标或参与施工的子分公司以及相关部门在PPP项目投融资工作中的责任和目标，根据《中央企业投资监督管理办法》（国资委第34号令）、《ZT股份公司投资管理办法》、《SJ公司PPP项目投资管理办法》和《SJ公司PPP项目投资经营管理办法》，总部对《SJ公司境内PPP项目投融资管理办法》进行了修订完善，并经党委常委（扩大）会议、总经理办公会审议通过。2017年9月11日，SJ公司印发给各所属单位。

（2）《SJ公司PPP项目投融资信息报告制度》的印发及实施

为及时、准确地掌握集团各PPP项目的投融资进展情况，有效解决项目推进过程中存在的疑难问题，加快项目顺利实施，2017年9月7日，SJ公司向各投资公司、项目公司等印发《SJ公司PPP项目投融资信息报告制度》，决定实行PPP项目投融资信息定期和不定期报告制度。

（3）《关于规范PPP项目施工单位向总部融资有关事项的通知》的印发及实施

为进一步加强融资管理，2018年2月9日，SJ公司向所属各单位印发《关于规范PPP项目施工单位向总部融资有关事项的通知》，规范

PPP项目施工单位向总部融资相关事项。

（4）《SJ公司PPP项目投标、履约类金融产品管理办法》的印发及实施

为加强集团投标、履约类金融产品管理，规范业务流程，降低财务风险，SJ公司制定了《SJ公司PPP项目投标、履约类金融产品管理办法》，并经总经理办公会审议通过。2019年5月，SJ公司向所属各单位印发《关于印发SJ公司PPP项目投标、履约类金融产品管理办法的通知》。

第4章 SJ公司PPP项目资本金融资模式现状及问题分析

4.1 SJ公司PPP项目资本金融资模式的设计目标

（1）最大限度地降低自身的出资规模，提高项目投资效率

由于PPP项目投资总额较高，项目资本金出资比例通常不低于20%，且需要以自有资金出资，SJ公司面临较大的出资压力。同时，SJ公司在开展PPP项目投资时，要求项目的自有资金内部财务报酬率（MIRR）不低于12%，自身投入的资本金规模越低，越容易达到自有资金内部财务报酬率的要求。同时，一旦SJ公司在单个PPP项目中投入大量资金，可能会影响其他项目的投资进度。因此，在设计PPP项目资本金融资模式时，SJ公司倾向最大限度地降低自身的出资规模，将有限的自有资金投向更多的PPP项目，进而获取更多的施工任务和投资回报，提高投资效率和效益。

（2）实现PPP项目表外运作，避免影响资产负债率

2008年金融危机后，我国曾长期刺激经济增长，企业债务持续上升。为此，国家曾于2015年提出供给侧结构性改革，强调去杠杆的重要性。在此背景下，国资委为管控央企的经营风险，要求非工业央企的

资产负债率不得高于80%，并逐年降低资产负债率。SJ公司作为央企二级单位，面临着资产负债率的监管要求。而PPP项目投资总额较高，除各参与方投入的项目资本金外，项目公司还需要向金融机构大体量融资，一旦PPP项目被纳入SJ公司的合并报表范围，可能会影响SJ公司的资产负债率。因此，在设计PPP项目资本金融资模式时，SJ公司将PPP项目表外运作作为设计目标，通过合理设置各参与主体的项目资本金出资份额，影响项目公司的股权结构，避免项目公司纳入SJ公司合并报表范围，防止推高SJ公司的资产负债率。

（3）符合政策的规范要求，规避PPP项目的合规风险

由于我国存在项目资本金制度，国发〔1996〕35号文明确界定了项目资本金的属性，并针对不同行业设置相应的项目资本金出资比例。同时，因为我国PPP模式推广时间较短，政府尚未建立系统、完善的PPP政策体系，SJ公司在PPP项目运作时通常会面临政策变动风险，进而形成PPP项目的合规风险。因此，在设计PPP项目资本金融资模式时，SJ公司将规避合规风险作为设计目标，确保PPP项目资本金融资模式符合资本金制度和现行PPP政策的要求，最大限度地降低SJ公司可能面临的潜在政策风险和PPP项目的合规风险。

4.2 SJ公司前期设计的PPP项目资本金融资模式

在2015年7月至2017年11月期间，国家并未针对PPP项目资本金出台专门的政策，没有明确规定PPP项目资本金融资的界限，社会资本方只需要遵守国发〔1996〕35号文等项目资本金政策，设置合理的项目资本金比例，使项目资本金成为项目公司的权益资金。此时，SJ公司为提高PPP项目的投资效率，实现PPP项目表外运作的目标，设计出“SJ公司+政府+信托计划”、“SJ公司+政府+产业基金”、“SJ公司+产业基金”和“SJ公司+政府”的表外融资模式。其中，“SJ公司+

政府+产业基金”的表外融资模式包含“SJ公司+产业基金”的表外融资模式。

4.2.1 “SJ公司+政府+信托计划”的表外融资模式

SJ公司为补足PPP项目资本金，曾在项目公司中引入信托计划，信托计划代SJ公司持有项目公司的股权，形成“SJ公司+政府+信托计划”的表外融资模式。在2015年7月至2017年11月期间，仅有A项目采用此类资本金融资模式。

A项目总投资10.75亿元，项目资本金设定为2.625亿元，占投资总额的24.42%。如图4-1所示，首先，由SJ公司与政府方出资代表A市城市投资建设集团共同出资成立“A项目公司”。A项目公司注册资本设置为0.625亿元，其中A市城市投资建设集团出资0.125亿元，SJ公司出资0.5亿元。其次，SJ公司与中国光大银行合作，以A项目公司与SJ公司之间的1.28亿元应收款收益权作为基础资产，设立信托计划。最后，A项目公司增资扩股，SJ公司和A市城市投资建设集团分别增资0.32亿元、0.4亿元，信托公司作为新股东，将1.28亿元注入A项目公司，项目资本金规模最终增加至2.625亿元。但是信托公司只是充当名义股东。在引入信托计划后，信托公司拥有A项目公司48.76%的股权。此时，SJ公司的持股比例由增资前的80%降至31.24%，在与会计师事务所沟通后，能够实现PPP项目表外运作的目标，也降低了自身的项目资本金出资规模。

4.2.2 “SJ公司+产业基金”的表外融资模式

当采用“SJ公司+产业基金”的表外融资模式时，不存在政府方出资代表，项目资本金完全由社会资本方投入。SJ公司需要将产业基金引入项目公司，产业基金充当项目公司名义上的股东。同时，SJ公

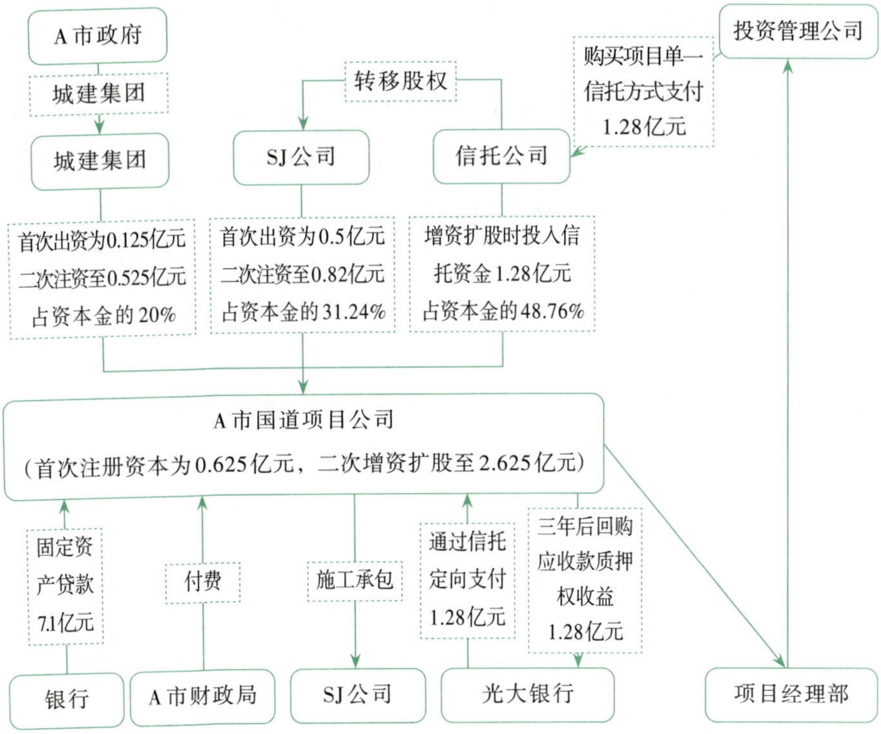

图4-1 “SJ公司+政府+信托计划”的表外融资模式

司和产业基金将投入的资本金分解为注册资本和股东借款两部分，其中股东借款占比较高。在2015年7月至2017年11月期间，SJ公司曾在G项目和I项目2个PPP项目中运用“SJ公司+产业基金”的表外融资模式。

4.2.3 “SJ公司+政府+产业基金”的表外融资模式

与“SJ公司+产业基金”的表外融资模式相比，“SJ公司+政府+产业基金”的表外融资模式中存在政府方出资代表，政府参与PPP项目资本金出资。在2015年7月至2017年11月期间，SJ公司曾在J项目等7个PPP项目中运用该模式。

以J项目为例，该项目预计投资规模达22.67亿元，项目资本金设定为5.77亿元，占投资总额的25.45%。如图4-2所示，SJ公司与信托公司合作，共同设立规模达3.36亿元的产业基金。从产业基金的内部结构来看，信托公司通过信托计划出资3亿元，充当优先级有限合伙人，将持有的项目公司股权表决权转让给SJ公司；SJ公司出资0.36亿元，充当劣后级有限合伙人。同时，双方约定项目公司到期回购劣后级份额；而基金管理公司作为一般合伙人，负责基金的管理工作，承担无限连带责任，收取一定比例的管理费。SJ公司与产业基金、J市资产管理有限公司共同出资成立“J项目公司”，并将项目资本金划分为2亿元的注册资本和3.77亿元的股东借款，债资比为1.89：1。具体到各方的出资份额，SJ公司在注册资本中出资0.7亿元，拥有项目公司35%的股权，未向项目公司提供股东借款；J市资产管理有限公司在注册资本和股东借款中分别出资0.3亿元、1.41亿元，持股比例达到15%；产业基金在注册资本和股东借款中分别出资1亿元、2.36亿元，持股50%。当项目公司回购产业基金后，股东借款也将随之归还。由此可见，在采用“SJ公司+政府+产业基金”的表外融资模式后，SJ公司不仅能够实现PPP项目表外运作的目标，还能够盘活股东的存量资产，达到资金提前退出的目标。

4.2.4 “SJ公司+政府”的表外融资模式

在“SJ公司+政府”的表外融资模式下，SJ公司和政府方代表共同出资，SJ公司在项目资本金中的出资比重通常超过50%。但是，政府要求项目公司的重大事项必须由全部董事和股东一致表决通过，并将其明确在股东协议和公司章程的议事规则内。在2015年7月至2017年11月期间，SJ公司曾在K项目等5个PPP项目中运用“SJ公司+政府”的表外融资模式。

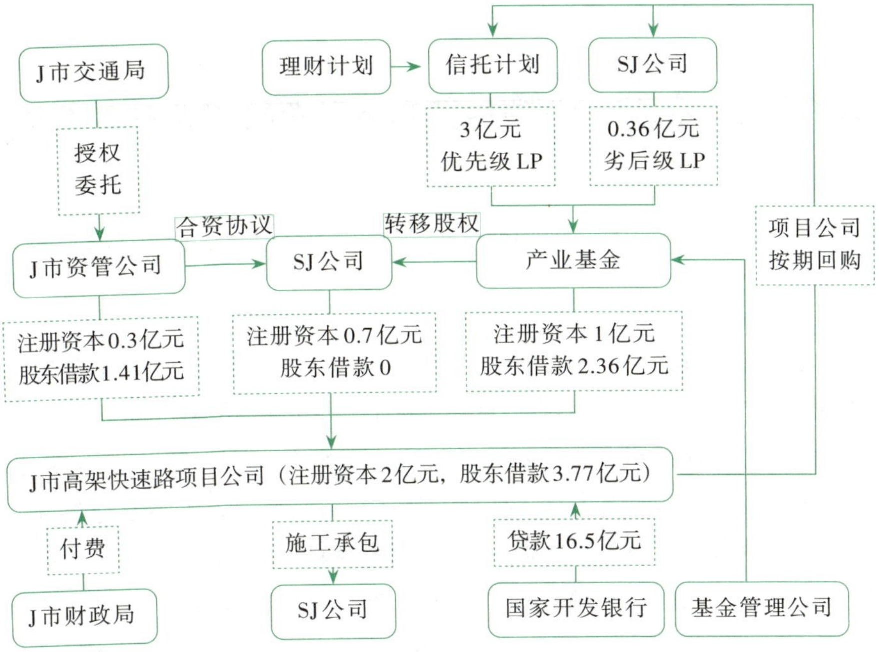

图4-2　“SJ公司+政府+产业基金”的表外融资模式

以K项目为例，该项目投资总额为13.44亿元，项目资本金设置为2.688亿元，占投资总额的20%。其中，SJ公司出资2.1504亿元，拥有项目公司80%的股权；K市城市经营投资有限公司受政府委托，代表政府出资0.5376亿元，获得剩余20%的股权，双方共同成立K项目公司。K市城市经营投资有限公司与SJ公司在股东协议中约定，双方在股东会中按照实际持有的股权比例享有投票权，但是涉及项目公司经营决策的重要事项须全体股东一致表决通过。此外，项目公司的董事会设置5个席位，除1名董事由K市城市经营投资有限公司委派外，其他4名董事及董事长全部由SJ公司委派；但是在制订重大经营方案时，需要全部董事一致表决通过，方可做出决议。因此，SJ公司虽然在股东会享有80%的表决权，在董事会占有4席董事，但是不能单独决定K项目公司的经营活动，不能对项目公司实施控制。

4.3 SJ公司PPP项目资本金融资模式调整的背景

4.3.1 信托计划和产业基金存在代持股和资金债务化问题

通过对“SJ公司+政府+信托计划”、“SJ公司+政府+产业基金”和“SJ公司+产业基金”的表外融资模式进行研究，发现SJ公司在项目公司中引入信托计划和产业基金，并由其代持SJ公司在项目公司的股权，信托计划和产业基金因不具备项目的建设和运营能力，也不参与项目后期的建设和运营活动，仅负责落实自身PPP项目资本金出资责任，不承担项目的经营风险，在项目公司中“同股不同权”。而PPP模式须具备“伙伴关系、利益共享、风险共担”的特征，SJ公司在设计PPP项目资本金融资模式时，为避免推高资产负债率多以表外模式运作，与不具备任何PPP项目专业技术能力的财务投资人合作，导致社会资本方内部缺乏风险共担机制，不符合PPP模式规范发展的要求。

国发〔1996〕35号文曾将项目资本金定义为非债务性资金，投资人需要以自有资金出资。但是，产业基金和信托计划的资金通常来源于银行理财资金，不能够被严格界定为自有资金。同时，产业基金和信托计划代SJ公司持有项目公司的股份，SJ公司实际上能够实际控制项目公司，信托计划和产业基金实际上并不属于项目公司的股东，而是SJ公司的债权人。此外，在“SJ公司+政府+产业基金”和“SJ公司+产业基金”的表外融资模式中，SJ公司以股东借款的形式向项目公司注入资本金，该部分资金本质上属于项目公司的债务性资金，存在资金提前退出的可能性，将难以发挥项目资本金本应有的作用。由此可见，除

"SJ公司+政府"的表外融资模式外，SJ公司设计的项目资本金融资模式均存在资本金债务化和代持股的问题。

4.3.2 国家持续发布PPP新政，严禁代持股和资本金债务化现象

由于我国缺乏PPP模式大规模推广的经验，社会资本方在PPP项目中大量引入金融资本，导致债务性资金充当项目资本金，PPP模式呈现出泛化异化问题。因此，自2017年11月起，财政部、国资委等国家机关先后发布一系列PPP规范政策（见表4-1）。财办金〔2017〕92号文从PPP项目库规范的思路出发，将"明股实债"和"代社会资本方持股"界定为违规融资方式，提出整改的要求。国资发财管〔2017〕192号文则基于央企PPP业务管控的现实需求，设定央企PPP项目净投资的标准，强调资产负债率的监管要求，明确项目资本金融资的红线。财金〔2018〕23号文加强对PPP项目融资源头的管理，一方面要求国有金融企业不得向社会资本方提供债务性项目资本金，另一方面还强调项目资本金穿透监管的重要性。银发〔2018〕106号文为防范金融风险，对跨行业、跨市场、跨区域对多层嵌套、刚性兑付、规避金融监管和宏观调控的现象明令禁止。财金〔2019〕10号文要求社会资本方以自有资金开展项目资本金融资活动，再次强调项目资本金的融资规范标准。而"SJ公司+政府+信托计划"、"SJ公司+政府+产业基金"和"SJ公司+产业基金"的表外融资模式存在代持股和资本金债务化问题，不符合财办金〔2017〕92号文、国资发财管〔2017〕192号文、财金〔2018〕23号文、银发〔2018〕106号文、财金〔2019〕10号文及政府债务管控规范的要求。同时，SJ公司所在省发布《关于做好管理库项目清理整改工作的调整通知》，要求SJ公司及时整改不符合规范要求的PPP项目。

表4-1 2017—2019年PPP项目规范政策

政策名称	政策编号	政策内容
《关于规范政府和社会资本合作（PPP）综合信息平台项目库管理的通知》	财办金〔2017〕92号	各参与方需要及时缴纳资本金，禁止出现第三方代持股和资本金债务化现象，此类行为属于不规范的PPP项目运作方式，存在此类问题的PPP项目必须整改到位，否则将被清理出库
《关于加强中央企业PPP业务风险管控的通知》	国资发财管〔2017〕192号	央企在开展PPP投资业务时，累计投资净额不得高于上年度合并净资产的50%，不允许引入“明股实债”类资本金，不允许向项目公司的其他股东承诺收益，不允许推高资产负债率；央企需要根据公司章程的约定、自身的表决权比例、项目风险分配机制和项目的参与程度，从实质重于形式出发，合理界定项目公司的控制权
《关于规范金融企业对地方政府和国有企业投融资行为有关问题的通知》	财金〔2018〕23号	在参与PPP项目时，禁止国有金融机构将债务性资金包装成PPP项目资本金；国有金融机构必须加强对PPP项目资本金穿透审查，如果发现PPP项目存在资本金债务化问题，不允许向其提供融资
《关于规范金融机构资产管理业务的指导意见》	银发〔2018〕106号	要求金融机构不得承诺保本保收益，产品出现兑付困难时不得以任何形式垫资兑付；引导金融机构转变预期收益率模式，强化产品净值化管理
《关于推进政府和社会资本合作规范发展的实施意见》	财金〔2019〕10号	PPP项目资本金必须是社会资本方的自有资金；不允许出现资本金债务化现象；禁止地方政府借PPP名义增加隐性债务

资料来源：财政部和国资委官网。

4.4 SJ公司PPP项目资本金融资模式的调整情况

由于产业基金和信托计划存在代持股和资本金债务化的问题，已经不符合PPP规范新政的要求，SJ公司已中标PPP项目的资本金融资方案落地受阻，项目资本金和后续债权端资金难以落实，影响PPP项目的建设进度。因此，产业基金和信托计划退出PPP项目势在必行，SJ公司将其作为项目合规性整改的基本原则。在该原则的指导下，SJ公司于2017年12月审议通过《SJ公司部分PPP项目融资方案变更的议案》，变更12个PPP项目的资本金融资方案，主要运用以下两种措施。

4.4.1 SJ公司以自有资金替换产业基金和信托计划

为及时落实PPP项目资本金和后续债权端资金，推进PPP项目的建设进度，SJ公司在8个PPP项目中以自有资金替换产业基金和信托计划。截至2017年11月，A项目、B项目和E项目等3个项目的资本金已全部出资完毕，信托计划和产业基金的资金也全部到位，SJ公司与信托公司和产业基金管理者协商后，信托公司和产业基金管理者将其持有的项目公司股权转让给SJ公司，SJ公司向信托公司和产业基金管理者支付股权转让价款。而C项目、D项目、F项目等3个项目的资本金部分到位，产业基金已履行部分出资义务，SJ公司与产业基金管理者协商后，产业基金管理者将其持有的项目公司股权和后续的项目资本金出资份额转让给SJ公司，SJ公司以产业基金的已出资额为基数，向产业基金管理者支付股权转让价款。同时，在H项目、G项目、I项目和J项目中，由于项目公司尚未成立等原因，各参与方还未投入项目资本金，产业基金尚未落实项目资本金出资责任，SJ公司与产业基金管理者协商后，产业基金退出PPP项目，产业基金管理者将项目资本金出资的权利和义务转让给SJ公司。

在方案落实方面，2017年12月，SJ公司与A项目等6个PPP项目中的信托公司和产业基金管理者签署股权转让协议、支付股权转让款，完成PPP项目股东协议、公司章程、工商登记变更等手续，使SJ公司成为项目中唯一的社会资本方，将6个PPP项目纳入财务报表的合并范围，形成“SJ公司+政府”的表内融资模式。2018年2月，SJ公司与H项目等4个PPP项目中的产业基金管理者签订合作终止协议，产业基金不再参与项目资本金融资工作，将项目资本金出资的权利和义务转让给SJ公司，形成“SJ公司+政府”和“SJ公司”的表内融资模式。截至2019年12月31日，SJ公司已在H项目和G项目中投入项目资本金，并将2个项目纳入2019年度财务报表的合并范围。

4.4.2 SJ公司引入财务投资人，由财务投资人替换产业基金

SJ公司除了以自有资金替换产业基金和信托计划外，还曾在L项目中引入财务投资人，由财务投资人替换原有的产业基金，产业基金将持有的项目公司股权转让给财务投资人（见表4-2）。在PPP项目资本金融资模式调整前，SJ公司在L项目中运用“SJ公司+政府+产业基金”的表外融资模式，产业基金的项目资本金出资比例达到38%。但是，截至2017年11月，产业基金尚未履行自身的项目资本金出资义务。随着PPP项目资本金融资模式的变化，产业基金必须退出PPP项目。为此，SJ公司寻求与L城建合作，由L城建替换产业基金，成为项目公司的新股东，项目公司各股东的出资比例不变；原先的“SJ公司+政府+产业基金”的表外融资模式变更为“SJ公司+政府+财务投资人”的表外融资模式。

表4-2 财务投资人替换产业基金的整改方案

项目	股东名称	整改前出资比例	整改后出资比例	整改前的PPP项目资本金融资模式	整改后的PPP项目资本金融资模式	备注
L项目公司	政府方（出资代表）	20%	20%	“SJ公司+政府+产业基金”的表外融资模式	“SJ公司+政府+财务投资人”的表外融资模式	L城建只负责项目资本金出资，不参与项目公司的建设和运营工作
	SJ公司	42%	42%			
	产业基金	38%	—			
	L城建	—	38%			

资料来源：《SJ公司部分PPP项目融资方案变更的议案》和PPP项目可研报告。

在方案落实方面，由于PPP项目资本金融资模式整改前产业基金尚未出资，产业基金不存在退出成本，SJ公司与产业基金协商一致后，产业基金在2018年6月将项目资本金应出资份额转让给L城建，PPP项目股东协议、公司章程、工商登记等手续已同步变更。

4.5 SJ公司PPP项目资本金融资模式的调整影响分析

因为SJ公司存在资产负债率的监管压力，致力于提升PPP项目的投资效率和效益，在前期设计出“SJ公司+政府+信托计划”“SJ公司+政府+产业基金”“SJ公司+产业基金”的表外融资模式。但是，此类融资模式导致PPP项目资本金债务化，不符合政策的规范要求。当PPP项目资本金融资模式调整时，SJ公司以自有资金替换产业基金和信托计划，形成表内融资模式，可能会影响SJ公司自身的财务状况和投资效率。而SJ公司引入财务投资人后，PPP项目可能存在合规风险。因此，有必要探究SJ公司PPP项目资本金融资模式调整的影响。

4.5.1 对SJ公司PPP项目投资的影响

（1）增加SJ公司资金占用规模，降低项目投资效率和效益

PPP项目资本金融资模式调整时，SJ公司在10个PPP项目中以自有资金替换产业基金和信托计划，形成“SJ公司”和“SJ公司+政府”的表内融资模式。此时，SJ公司成为PPP项目中唯一的社会资本方，需要向项目公司投入更多的资金，自身的项目资本金出资规模和出资比例大幅上升。如图4-3所示，在PPP项目资本金融资模式调整前，SJ公司在PPP项目资本金中的出资比例维持在19%至45%的区间内，SJ公司需要向10个PPP项目投入8.05亿元的项目资本金。PPP项目资本金融资模式调整后，SJ公司在PPP项目资本金中的出资比例不低于80%，需要向10个PPP项目投入24.73亿元的项目资本金，出资增幅高达207.2%，必须及时调整年度投融资预算。最终，SJ公司将会增加16.68亿元的资金占用规模。

同时，随着SJ公司自有资金占用规模的增加，SJ公司需要承担更多的项目资本金出资责任。而项目资本金通常会转化为项目公司的实收资本和资本公积，主要用于PPP项目投资建设和运营管理，形成项目公司的非流动资产。当PPP项目进入运营期，受制于金融机构保护性条款的要求（如在贷款本息清偿完毕之前，“不减资、不分红”），SJ公司会在PPP项目公司沉淀大量资金，需要承担更多的资金占用成本，影响自身的投资效率和效益。在PPP项目资本金融资模式调整前，SJ公司向产业基金支付回报，合作期普遍在5年以上；PPP项目资本金融资模式调整后，SJ公司以自有资金替换产业基金，自有资金的占用时间被

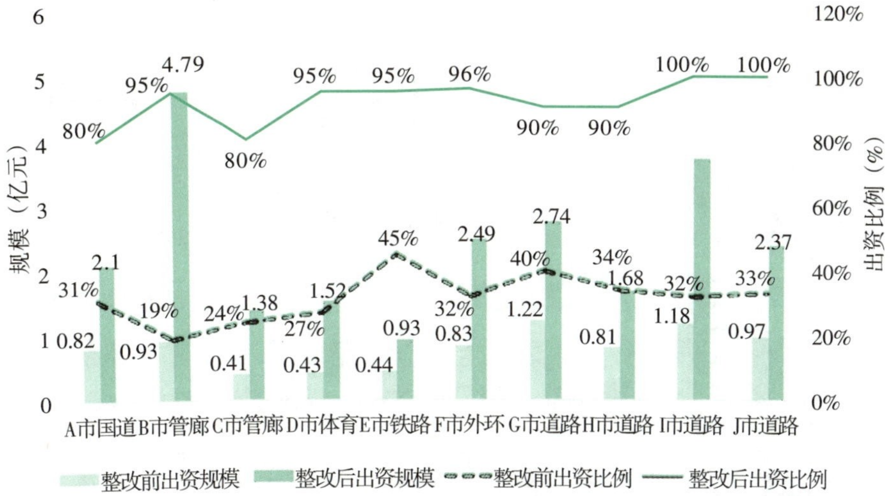

图4-3 PPP项目资本金融资模式的调整对SJ公司出资规模和出资比例的影响

资料来源：根据调整后的SJ公司PPP项目融资方案整理而来。

拉长，导致10个PPP项目的自有资金回收期呈现上升趋势，投资效率下降（见表4-3）。此外，SJ公司将自有资金的再投资报酬率设定为年均12%，远高于产业基金的回报，当自有资金规模占用增加后，资金成本也会显著上升，SJ公司在10个PPP项目中的自有资金投资税后内部财务报酬率（MIRR）趋于下行。

（2）削弱SJ公司对PPP项目的投资潜力，形成业绩增长压力

如表4-3所示，国资发财管〔2017〕192号文曾规定，央企对PPP项目的累计投资额不得超过上年度合并层面净资产的50%。2019年SJ公司的合并层面净资产为136.73亿元，SJ公司PPP项目资本金融资模式调整后，SJ公司在10个PPP项目中以自有资金替换债务性资本金，将会增长16.68亿元的项目资本金出资规模，占2019年度合并层面净资产的12.2%。由此可见，PPP项目资本金融资模式调整后，SJ公司对PPP项目的投资空间将会大幅压缩，将难以继续大规模开展PPP业务，不利于其PPP业务和投资开发板块的健康持续发展。

表 4-3　PPP项目资本金融资模式调整前后SJ公司的自有资金回收期和内部财务报酬率情况

项目	调整前的产业基金规模（亿元）、成本（年均）及存续期（年）	调整后SJ公司增加的出资规模（亿元）及占用期限（年）	调整前自有资金的MIRR（年均）	调整后自有资金的MIRR（年均）	调整前自有资金的回收期（年）	调整后自有资金的回收期（年）	备注
A项目	（1.28，6.45%，5）	（1.28，9）	17.36%	16.44%	2.99	4.98	SJ公司将折现率和再投资报酬率分别设定为年均4.9%、12%
B项目	（3.68，5.8%，10）	（3.68，24）	14.85%	13.73%	6.67	8.21	
C项目	（0.97，5.25%，8）	（0.97，18）	17.66%	17.07%	4.21	8.06	
D项目	（1.09，6.25%，6）	（1.09，14）	14.84%	13.69%	6.67	7.1	
E项目	（0.49，5.5%，5）	（0.49，11）	15.26%	13.88%	5.54	5.99	
F项目	（1.66，6%，6）	（1.66，14）	14.10%	13.48%	6.75	6.86	
G项目	（1.52，6.45%，5）	（1.52，11）	14.52%	14.03%	5.85	6.19	
H项目	（0.87，5%，6）	（0.87，15）	14.31%	14.15%	4.86	4.96	
I项目	（2.54，6.25%，5）	（2.54，11）	13.56%	12.22%	4.97	5.54	
J项目	（1.4，5.8%，5）	（1.4，11）	12.04%	11.95%	6.83	7.51	

资料来源：SJ公司PPP项目可研报告和融资方案。

同时，SJ公司PPP项目资本金融资模式调整后，不仅会增加SJ公司在10个PPP项目中的资本金出资规模，还会进一步推高SJ公司在全部PPP项目中的资本金出资规模。截至2019年12月31日，SJ公司在PPP项目中的资本金出资总额已经增至75.06亿元。其中，2015年至2019年已累计出资35.76亿元，并将于2020年至2022年落实剩余39.3亿元的出资责任（见表4-4）。如果以2019年合并层面的净资产为基数，SJ公司对PPP项目的投资额已经占合并净资产的28.74%。但是，当将PPP项目资本金的投资期限拉长至2022年时，SJ公司对PPP项目的股权投资额将占2019年合并层面的净资产的54.9%，这意味着SJ公司合并层面的净资产规模必须在2021年增长至150.12亿元，且后续不存在新中标的PPP项目，才能满足国资发财管〔2017〕192号文对央企PPP业务规模的管控要求。而合并层面的净资产由企业所有，增资扩股和利润留存是合并层面的净资产增长的两个渠道，如果SJ公司在2020年和2021年不存在增资扩股，则需要在两年内留存10.82亿元的利润，这将会形成业绩增长的压力，从而约束SJ公司的经营管理活动。

表4-4 SJ公司的PPP项目资本金出资安排

SJ公司的PPP项目资本金已出资情况	SJ公司的PPP项目资本金待出资安排		
2015年至2019年	2020年	2021年	2022年
35.76亿元	18.71亿元	14.56亿元	6.03亿元

资料来源：2019年度SJ公司PPP项目出资情况报告。

4.5.2 对SJ公司自身财务和经营状况的影响

（1）拉低SJ公司的经营活动现金净流量，推高筹资活动现金净流量

当SJ公司以自有资金替换产业基金和信托计划后，形成了“SJ公司”和“SJ公司+政府”的表内融资模式。截至2019年12月31日，SJ

公司已经合并10个PPP项目公司，其中已有A项目等5个项目进入运营期，剩余5个PPP项目全部处于建设期。在合并现金流量表时，需要抵销SJ公司与项目公司间的内部交易事项，可能会对SJ公司的现金流产生影响。

①影响机理分析

对于SJ公司而言，在PPP项目中主要扮演投资者和建筑承包商的角色，呈现出“以投资带动主业”的特征。一方面，SJ公司作为社会资本方，需要设计PPP项目资本金融资模式并落实后续的融资责任，成为PPP项目的投资者和项目公司的股东。另一方面，SJ公司成为项目公司的股东后，凭借自身的建筑资质，获得PPP项目的施工任务，成为PPP项目的建筑承包商。基于现金流的视角，SJ公司作为PPP项目的投资者，投入项目公司的资金将体现在投资活动中，对应项目公司的筹资活动；当SJ公司作为建筑承包商时，从项目公司获取的建筑服务收入将体现在经营活动内，对应项目公司的投资活动。由于SJ公司在2018年将部分PPP项目公司纳入合并报表范围，不同PPP项目的购买日存在一定差异，2018年度SJ公司只是将项目公司购买日至年末的现金流纳入合并现金流量表，且合并当年涉及股权承接、追溯调整、项目公司公允价值确定等事项，难以有效分析出PPP项目资本金融资模式调整对SJ公司现金流的影响。因此，为提高研究的有效性，确保数据的完整性，本节基于2019年的财务数据，探究融资模式调整对SJ公司现金流的影响。

由于大部分PPP项目仍处于建设期，2019年8个并表的项目公司与SJ公司都存在工程款结算，其中，4个PPP项目公司收到SJ公司的股权投资款（见表4-5）。SJ公司在编制合并现金流量表时，需要将SJ公司“投资支付的现金”与项目公司“吸收投资收到的现金”相抵销。同时，由于项目公司只具备PPP项目的经营权，PPP项目的所有权仍归属于政府，项目公司将接受建筑服务后形成的资产经营权暂时计入其他非流动资产，此时需要将SJ公司“提供劳务收到的现金”与项目公司“购建其他长期资产支付的现金”相抵销。由此可见，PPP项目资本金融资模式调整后，SJ公司的三大现金流量都会受到一定程度的影响，这可能会降低SJ公司的经营活动现金净流量，推高投资活动现金净流量，对筹资活动现金净流量的影响还有待进一步探究。

表4-5　2019年PPP项目公司与SJ公司发生的内部现金流量　单位：元

项目	A项目	B项目	E项目	H项目
向SJ公司拨发项目工程款	31 132 500	382 725 000	54 511 939.69	5 250 000
项目	C项目	D项目	F项目	J项目
收到SJ公司的股权投资款	120 745 800	136 195 500	240 980 355	52 500 000
向SJ公司拨发项目工程款	487 200 000	197 587 617.4	217 456 481.4	25 254 028.8

资料来源：SJ公司PPP项目现金流量及受限资金情况表。

②具体的影响分析

在分析出PPP项目资本金融资模式调整的影响机理后，发现SJ公司的三大现金流量都将受到影响。因此，为探究出PPP项目资本金融资模式调整对SJ公司现金流的具体影响，有必要根据上述内部交易事项，采取反向操作的方法，将PPP项目公司的现金流量剔除2019年SJ公司的合并现金流量表，编制出如附录1所示的工作底稿，并得出如下影响：

第一，拉低SJ公司的经营活动现金净流量。如附录1所示，将PPP项目公司的现金流量剔除2019年SJ公司的合并现金流量表后，SJ公司从PPP项目公司获取的建筑服务收入重新被计入经营活动，经营活动现金净流量由50.46亿元上升至63.13亿元。而经营活动现金净流量与工程款回收和资金周转密切相关，是衡量施工企业经营状况的重要指标。由此可见，当SJ公司PPP项目资本金融资模式调整后，随着部分PPP项目公司被纳入合并报表范围，会拉低SJ公司的经营活动现金净流量，对其经营状况产生一定的负面影响。

第二，推高SJ公司的投资活动现金净流量。如附录1所示，将PPP项目公司的现金流量剔除2019年SJ公司的合并现金流量表后，SJ公司对PPP项目公司的股权投资款将重新被纳入自身的投资活动，投资活动现金净流量由-27亿元下降至-31.98亿元。由此可见，SJ公司PPP项目资本金融资模式调整后，随着部分PPP项目公司被纳入合并报表范围，会推高SJ公司的投资活动现金净流量。

第三，推高SJ公司的筹资活动现金净流量。在筹资活动现金净流量方面，由于PPP项目包含项目资本金融资和债务融资，除SJ公司和政府投入的项目资本金外，PPP项目公司需要向银行申请贷款，获得的银行贷款计入长期借款。其中，SJ公司投入的项目资本金属于内部往来事项，在现金流量表合并时已被抵销，而项目公司通过债务融资所获取的资金则会计入合并现金流量表。因此，如附录1所示，将PPP项目公司的现金流量剔除2019年SJ公司的合并现金流量表后，SJ公司借款收到的现金由4.83亿元下降至0，筹资活动现金净流量由33.34亿元下降至24.2亿元。由此可见，SJ公司PPP项目资本金融资模式调整后，随着部分PPP项目公司被纳入合并报表范围，会推高SJ公司的筹资活动现金净流量，增加SJ公司的债务规模，可能会影响SJ公司的偿债能力。

（2）推高SJ公司资产负债率，削弱长期和短期偿债能力

在PPP项目资本金融资模式调整前，SJ公司将信托计划和产业基金引入项目公司，有利于避免PPP项目并表，防止出现资产负债率上升的问题。SJ公司PPP项目资本金融资模式调整后，形成了“SJ公司”和“SJ公司+政府”的表内融资模式，SJ公司已经将8个PPP项目公司纳入合并报表范围，合并后的筹资活动现金净流量快速上升，可能会进一步影响SJ公司的资产负债率及偿债能力。

①推高SJ公司资产负债率

由于SJ公司既是PPP项目公司的股东，又是PPP项目的建筑承包

商，需要向项目公司投入资本金并为其提供建筑服务，形成内部往来。PPP项目公司纳入SJ公司合并报表范围后，编制出相应的调整分录和抵销分录（见表4-6）。其中，项目公司将应付SJ公司的建筑劳务费计入其他应付款，对应SJ公司的其他应收款，合并资产负债表时需要将其抵销。同时，SJ公司预计其他应收款在存续期内的损失率为0.5%，并按照该比例计提其他应收款坏账准备，合并资产负债表时需要将资产减值损失和坏账准备抵销。此外，SJ公司向项目公司投入的项目资本金计入长期股权投资，对应项目公司的实收资本和资本公积。同时，除J市道路项目公司由SJ公司100%控股外，其他7家项目公司都存在政府方的股权资金，SJ公司需要将长期股权投资、少数股东权益与项目公司的所有者权益抵销。除上述事项外，SJ公司与项目公司未发生其他内部往来，项目公司除实现盈利或亏损外，也未发生其他影响SJ公司权益变动的事项。将PPP项目公司资产负债表与SJ公司个别资产负债表合并后，可以发现合并前SJ公司的资产负债率为77.98%，合并后资产负债率升至78.33%，增长0.35%。为进一步探究出PPP项目资本金融资模式的调整对SJ公司资产负债率的影响，根据表4-6的调整分录和抵销分录，开展反向操作，将PPP项目公司的资产负债表剔除2019年SJ公司的合并资产负债表，编制出如附录2所示的工作底稿。从附录2可知，在删除项目公司的资产负债表后，SJ公司的长期借款由13.81亿元升至29.95亿元；负债总额由539.77亿元降至525.65亿元，降幅为2.62%；而资产总额则由676.51亿元降至660.87亿元，降幅达2.31%。此时，负债总额的降幅高于资产总额的降幅，SJ公司的合并资产负债率也由79.79%降至79.54%。由此可见，SJ公司PPP项目资本金融资模式调整后，随着部分PPP项目公司被纳入合并报表范围，将会推高SJ公司的资产负债率。而国资发财管〔2017〕192号文要求央企不得因开展PPP业务推高资产负债率，PPP项目资本金表内融资模式调整后，SJ公司将面临较高的监管压力。

表4-6　PPP项目公司报表与SJ公司个别报表合并前后的资产负债率情况（简表）　单位：元

项目		A项目	B项目	C项目	D项目	E项目	F项目	H项目	J项目
项目公司报表	资产	1 067 091 699.57	1 365 149 356.77	670 648 264.17	229 915 357.38	338 780 643.33	758 050 946.06	52 582 030.06	52 569 323.56
	负债	806 743 390.41	834 835 980.08	486 403 989.35	69 538 581.73	245 433 923.69	488 656 177.04	20 908.33	97 364.11
	所有者权益	260 348 309.16	530 313 376.69	184 244 274.82	160 376 775.65	93 346 719.64	269 394 769.02	52 561 121.73	52 471 959.45
SJ公司个别报表	资产	52 622 780 541.51							
	负债	41 036 269 988.74							
	所有者权益	11 586 510 552.77							
	资产负债率	77.98%							
调整分录	借：长期股权投资	-1 810 311.12	24 759 250.33	9 400 392.84	139 765.84	-4 841 204.62	9 194 073.32	55 009.55	-28 040.55
	贷：投资收益	-1 810 311.12	24 759 250.33	9 400 392.84	139 765.84	-4 841 204.62	9 194 073.32	55 009.55	-28 040.55
抵销分录	借：其他应付款	73 751 407.80	819 833 413.07	60 292 246.44	0.00	65 571 066.29	484 635 988.79	5 250 000.00	10 500 000.00
	贷：其他应收款	73 751 407.80	819 833 413.07	60 292 246.44	0.00	65 571 066.29	484 635 988.79	5 250 000.00	10 500 000.00
	借：其他应收款——坏账准备	368 757.04	4 099 167.07	301 461.23	0.00	327 855.33	2 423 179.94	26 250.00	52 500.00
	贷：资产减值损失	-355 690.46	1 420 239.29	297 969.98	0.00	327 288.34	2 423 179.94	26 250.00	52 500.00
	未分配利润——年初	724 447.50	2 678 927.78	3 491.25	0.00	566.99	0.00	0.00	0.00
	借：实收资本	262 500 000.00	504 000 000.00	172 494 000.00	160 230 000.00	98 252 201.25	52 500 000.00	52 500 000.00	52 500 000.00

续表

项目		A项目	B项目	C项目	D项目	E项目	F项目	H项目	J项目
抵销分录	借：资本公积	0.00	0.00	0.00	0.00	0.00	207 359 355.00	0.00	0.00
	盈余公积	11 119.80	2 631 337.67	1 172 368.06	14 677.56	19 052.33	953 541.40	6 112.18	0.00
	未分配利润	-2 162 810.64	23 682 039.02	10 577 906.76	132 098.09	-4 924 533.94	8 581 872.62	55 009.55	-28 040.55
	贷：长期股权投资	208 278 647.34	503 797 707.85	147 395 419.86	152 357 936.86	88 679 383.65	258 511 220.35	47 305 009.55	52 471 959.45
	少数股东权益	52 069 661.82	26 515 668.84	36 848 854.96	8 018 838.79	4 667 335.99	10 883 548.67	5 256 112.18	0.00
	借：投资收益	-1 810 311.12	24 759 250.33	9 400 392.85	139 765.84	-4 841 204.62	9 194 073.31	55 009.55	-28 040.55
	少数股东损益	-452 577.78	1 303 118.45	2 350 098.21	7 356.10	-254 800.25	387 078.53	6 112.18	0.00
	未分配利润——年初	100 078.26	225 907.12	-216.24	-346.29	171 470.93	-45 737.82	0.00	0.00
	贷：提取盈余公积	0.00	2 606 236.88	1 172 368.06	14 677.56	0.00	953 541.40	6 112.18	0.00
	未分配利润——年末	-2 162 810.64	23 682 039.02	10 577 906.76	132 098.09	-4 924 533.94	8 581 872.62	55 009.55	-28 040.55
合并数据	资产	54 186 535 925.73							
	负债	42 448 166 181.10							
	所有者权益	11 738 369 744.63							
	资产负债率	78.33%							

资料来源：根据SJ公司和PPP项目公司的个别资产负债表及补充资料整理而来。

②削弱SJ公司的偿债能力

随着PPP项目资本金融资模式的调整，SJ公司的资产负债率呈现上升态势，必然会对其偿债能力产生重大影响。SJ公司PPP项目资本金融资模式调整后，随着部分PPP项目公司被纳入合并报表范围，SJ公司的长期和短期偿债能力指标都出现了一定程度的恶化（见表4-7）。其中，由于PPP项目公司的长期借款全部被纳入SJ公司的合并报表，导致SJ公司利息费用大幅上升，已获利息倍数下降最为明显。由此可见，在PPP项目资本金融资模式调整后，SJ公司的偿债能力被削弱。

表4-7 PPP项目公司并表前后SJ公司的偿债能力指标（2019年）

偿债能力指标	速动比率	流动比率	已获利息倍数	现金流动负债比率	产权比率	权益乘数
合并PPP项目后	0.66	0.89	36.21	9.67%	3.95	4.95
剔除PPP项目后	0.69	0.91	26 573.61	12.10%	3.89	4.90

资料来源：根据附录1、附录2和附录3计算而来。

（3）提高SJ公司的资产规模和盈利能力

SJ公司以自有资金替换产业基金和信托计划后，需要将部分PPP项目公司纳入自身合并报表的范围，会影响SJ公司的资产规模和盈利能力。如附录2所示，当SJ公司在2019年合并8家PPP项目公司的资产负债表后，SJ公司的资产总额由660.87亿元增长至676.51亿元，增幅达2.37%，SJ公司的资产体量明显上升，有利于提升SJ公司的综合实力。由于SJ公司作为PPP项目的施工方和项目公司的股东，能够从项目公司获取投资收益和施工收入，需要抵销其他应收款减值准备和资产减值损失，并将投资收益、少数股东损益与当年提取的盈余公积及未分配利润相抵销。但是，PPP项目的所有权不属于项目公司，最终需要将项目资产移交给政府，在合并利润表时，SJ公司从项目公司确认的收入和成本不会被抵销。因此，根据表4-6的合并抵销分录，开展反向操作，将PPP项目公司的利润表剔除2019年SJ公司的合并利润表，编制出如附录3所示的工作底稿，并计算出SJ公司盈利能力指标（见表4-8）。当SJ公司PPP项目资本金融资模式调整后，随着部分PPP项目公司被纳入合并报表范围，除盈余现金保障倍数下降外，SJ公司的其他盈利能力指标均出现小幅上升，在一定程度上提高了SJ公司的盈利能力。

表4-8　PPP项目并表前后SJ公司的盈利能力指标（2019年）

盈利能力指标	营业利润率	成本费用利润率	盈余现金保障倍数	总资产报酬率	净资产报酬率
合并PPP项目后	2.28%	2.35%	327.47%	2.96%	13.07%
剔除PPP项目后	2.26%	2.32%	412.56%	2.88%	13.06%

资料来源：根据附录1、附录2和附录3计算而来。

4.5.3 对SJ公司PPP项目合规风险的影响

（1）以自有资金替换产业基金和信托基金后，项目整体合规风险趋于下降

PPP项目资本金融资模式调整后，SJ公司在10个PPP项目中以自有资金替换信托计划和产业基金，形成“SJ公司”和“SJ公司+政府”的表内融资模式，进而推高SJ公司的资产负债率，不符合国资发财管〔2017〕192号文中关于央企资产负债率管控的要求。但是，在“SJ公司”和“SJ公司+政府”的表内融资模式下，不符合规范要求的信托计划和产业基金退出项目公司，PPP项目不存在明股实债、资本金债务化和代持股等问题，SJ公司多数PPP项目的资本金融资方案得以规范。同时，SJ公司成为PPP项目中唯一的社会资本方，并将项目公司纳入自身合并报表范围，不仅符合企业会计准则的要求，也满足国资发财管〔2017〕192号文中关于合理界定PPP项目公司控制权的规定，SJ公司

PPP项目的整体合规风险呈现下降态势。

（2）以财务投资人替换产业基金，导致代持股问题趋于隐性

在“SJ公司+政府+信托计划”、“SJ公司+政府+产业基金”和“SJ公司+产业基金”的表外融资模式中，产业基金、信托计划等金融资本代替SJ公司持有PPP项目公司的股权，由于金融资本不具备项目建设和运营能力，导致代持股问题较为明显。PPP项目资本金融资模式调整后，SJ公司在L项目中引入L城建，由L城建替换产业基金并充当财务投资人，财务投资人为PPP项目资本金融资提供支持，从而达到SJ公司PPP项目表外运作的目标。但是，财务投资人以短期获利为目标，需要SJ公司对其让利，而SJ公司参与PPP项目的主要收益来源于施工利润，施工利润又取决于建筑安装工程费用在项目投资中的比重。因此，财务投资人将会分享部分施工利润；PPP项目进入运营期后，则按照股权比例获取投资回报。而L城建以城市基础设施投资、建设和运营为主业，具备相应领域的施工建设和运营管理能力，却只在PPP项目中作为财务投资人，协助项目公司获取银行贷款并落实自身的项目资本金融资责任，并未深度参与项目的建设和运营工作。由此可见，SJ公司与财务投资人的合作只是存在于PPP项目融资层面，SJ公司向财务投资人分享施工利润与产业基金的回报模式有相似性，其实质为财务投资人代SJ公司持有PPP项目公司的股权，帮助SJ公司实现PPP项目表外运作的目标；与原模式相比，SJ公司在改用“SJ公司+政府+财务投资人”的表外融资模式后，以产业资本替代金融资本，导致代持股问题趋于隐蔽，若社会资本方内部缺乏风险共担机制，则不符合财办金〔2017〕92号文和国资发财管〔2017〕192号文的要求。

第5章 SJ公司PPP项目债务融资现状及问题分析

5.1 SJ公司PPP项目债务融资现状分析

5.1.1 SJ公司PPP项目债务融资资金来源分析

债务融资形成企业的债务资金，可以通过向金融机构借款、融资租赁、发行公司债券、利用商业信用等方式取得。全书对SJ公司具有代表性的主导主投PPP项目进行研究分析。SJ公司PPP财务报告数据显示，目前，SJ公司PPP项目合同总金额达到475.83亿元，其债务融资总体金额为390.94亿元，债务融资占整个PPP项目的82.16%。按照取得贷款的机构划分，SJ主导主投PPP项目分别从政策性银行、商业银行取得贷款，无从其他金融机构贷款的情况；除J项目为政策性银行（国家开发银行）贷款外，其余项目均从商业银行取得贷款。按照债务资金来源划分，分别来源于工农中建交邮六大国有银行、国家开发银行和其他银行。其中33.2亿元来自中国工商银行，124.89亿元来自中国农业银行，109.49亿元来自中国建设银行，27.95亿元来自中国邮政储蓄银行，16亿元来自国家开发银行，6.66亿元来自交通银行，6.62亿元来自其他银行。各银行的债务资金来源占比如图5-1所示。

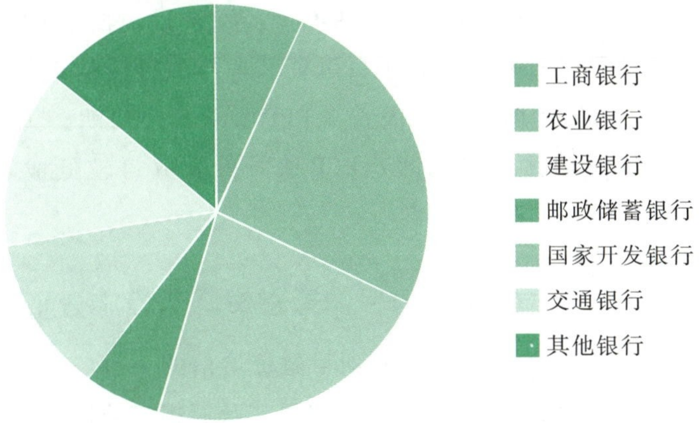

图5-1 SJ公司PPP项目债务资金来源分析

按照金融机构对贷款有无担保要求划分（信用贷款、担保贷款），各PPP项目以不同类型的担保方式取得贷款，共有应收账款质押、固定资产质押、股权质押、保函担保四种担保方式。按照取得贷款的用途划分，可分为基本建设贷款和流动资金贷款；各主导主投PPP项目贷款均为因从事新建、改建、扩建等基本建设项目向银行申请借入的基本建设贷款，部分项目如L项目，在基本建设贷款授信批复过程中，为推进项目进展，为征拆工作取得流动性资金支持，向银行申请借入1年期的流动资金贷款。

按照贷款发放模式划分，共有单一贷款、拼盘贷款和银团贷款三种模式，其中单一贷款4个项目，分别为A项目、J项目、E项目、G项目；拼盘贷款3个项目，分别为D项目、B项目、C项目；银团贷款4个项目，分别为M项目、N项目、O项目、L项目。

按照债务融资成本划分，取得人行5年期基准利率下浮5%~6%的项目共3个项目，分别为D项目（4.66%）、K项目（4.61%）、P项目（平均4.66%）；取得人行5年期基准利率的项目共10个项目，分别为A项目、M项目、HK管廊项目、J项目、F项目、C项目、B项目、N

项目、O项目、H项目；取得人行5年期基准利率上浮5%~6%的项目共4个项目，分别为L项目（5.15%）、G项目（5.15%）、P项目（5.39%）、E项目（5.39%）。各项目融资利率与项目授信审批期间面临的市场环境、政策导向息息相关，在PPP政策较为明朗、国家支持力度较大、市场流动性宽松期间，PPP项目更易取得较低成本的债务融资。

5.1.2 SJ公司PPP项目债务融资增信措施分析

PPP项目融资的增信方式具有项目融资增信的一般特征。由于PPP项目资本金投入和项目实施涉及政府部门或政府指定的机构，所以PPP债务融资增信安排还需遵守与政府相关的法律法规。在国内法律体系下，项目融资增信的方式分为内部增信和外部增信，外部增信主要采取担保形式。PPP项目融资中的担保行为需要遵守《中华人民共和国担保法》的规定，同时也会受到民法及其他法律法规中关于债权保障问题的法规制度的保护，具体包括《中华人民共和国民法典》《中华人民共和国公司法》《中华人民共和国证券法》等及其相关司法解释以及《中小企业融资担保机构风险管理暂行办法》等行政规章。

《中华人民共和国担保法》规定，根据担保方式的特性，可以将担保分为保证、抵押、质押、留置和定金五种，这也是PPP项目融资常采用的增信方式。在担保人选择方面，项目融资的担保人主要包括项目公司股东、与项目利益相关的第三方及商业担保机构（担保公司、保险公司）三类。项目公司股东是项目融资最常见的担保人。由于项目公司通常是股东为了某特定项目执行而专门设立的公司，本身的资本规模、经营历史和资信水平均不足以支撑大规模的债务融资，而项目公司股东作为项目投资回报的受益人，需要使用合适的财务杠杆提高项目公司的权益回报水平，有动力为项目公司的融资提供信用保证或其他物权担保来降低项目公司的债务融资成本水平。

社会资本方如果为项目公司的融资提供担保，担保形式通常可以选择采取显性担保手段或隐性担保手段，这主要由其持股比例和自身财务情况所决定。如果社会资本方自身资产负债率较高，则倾向于采取相对隐性的增信措施来对项目公司某些不可预测的风险提供担保，同时避免担保行为对自身报表造成压力；如果自身财务状况优良，则可以采用更为直接的显性担保方式，以最大化地降低项目公司的融资成本。另外，如果社会资本方属于国资委全资或控股的企业，则其担保可行性还要受到项目公司持股比例的影响。

经查阅SJ公司PPP项目可行性研究报告等相关资料，SJ公司的融资增信措施主要有保函、应收账款质押、固定资产质押、股权质押、预付款、项目收益质押等。SJ公司目前尚未涉及运营期以预期未来现金流、特许经营权、收益权、其他合同权益等债务融资增信措施。受国有企业内控管理要求的限制，SJ公司不得额外承担PPP项目担保的风险，股权质押、差额补足、流动性支持等方式在实际操作中难以落实。

以SJ公司P项目为例，因该项目所在地政府债务率连年突破100%，银行对该地政府的财政承受能力提出质疑，要求社会资本方为项目融资提供差额补足、承担连带责任等增信措施；受企业管理要求限制，SJ公司不得为PPP项目公司融资提供上述类型的增信措施，在融资推进过程中，与该项目洽谈的国有商业银行因不能取得增信措施而选择退出该项目授信审批工作，影响了项目融资工作推进进度。

5.1.3　SJ公司PPP项目债务融资工具分析

一般而言，融资方式的多元化有助于降低融资风险。但现阶段PPP项目的债务融资资金来源偏重于银行贷款，来源渠道较为单一，不利于分散项目融资风险，也无法有效降低融资成本。据统计，在中国目前开展的PPP项目中，PPP项目普遍运用银行贷款这一融资模式，运用其他融资工具的项目并不多见。这在很大程度上是受中国以银行为主体的间接融资比重过大的不利影响。由于银行贷款的期限相对有限，容易导致项目资金期限的错配，使项目风险加大，且由于PPP项目大都带有公益性质，还未形成稳定的盈利模式，因此银行对该类项目放贷门槛设置较高，各类金融工具也难以发挥优势，制约了PPP项目融资。SJ公司PPP项目全生命周期债务融资工具单一并过度依赖商业银行的情况在很大程度上影响了PPP项目债务融资方案的落地和运行。截至2020年6月，SJ公司的21个主导主投项目中仍有3个项目的债务融资方案尚未落地。其原因是短期内土地指标难以取得且“四证”不全，不能完全满足银行授信条件。债务融资已落地的项目均已与银行签署贷款协议并提取贷款。

当前PPP项目融资亟待创新融资模式，可以在借鉴中国其他行业融资案例的同时引进和推广国外一些典型的融资模式。除金融机构借款外，债务融资可通过融资租赁、发行公司债券、利用商业信用等方式取得。但受制于当下的融资困境，我国直接融资市场发育程度不足，目前PPP项目的融资方式和项目实施方式仍然较为单一，对贷款的依赖程度较高。PPP项目在融资方面的核心优势，在于通过无追索或有限追索的项目融资，将投资人的风险锁定于项目本身，与其他资产相隔离。银行贷款作为融资的主要来源，往往要求对投资人实行完全追索，相对较高的融资成本和强制的剩余风险承担要求使得PPP项目投资方存在顾虑。连续降准降息后，银行基准利率以及发债利率都进入了底部区域，传统融资渠道成本较低，但受利率市场化的影响，社会资金对PPP项目投资收益要求仍然较高，金融机构资金成本未能同步下降，信托、保险、融资租赁等渠道不畅通且融资成本较高，不具备比较优势，PPP项目创新债务融资方式的难度仍然较大。

5.2 研究设计

5.2.1 假设提出

全书从全生命周期对SJ公司PPP项目债务融资问题和影响因素两个方面进行评价，通过现状发现问题，通过问题引出影响因素。债务融资问题从融资风险、增信措施、融资渠道和融资成本4个角度和全生命周期24个指标进行分析，债务融资问题的影响因素从宏观环境、增信能力、渠道优劣性和项目特质4个角度和全生命周期24个指标进行分析。每类影响因素之间相互影响，并且每类影响因素又影响不同的问题。笔者根据生命周期理论、交易成本理论和项目融资理论提出假设，采用SPSS和AMOS软件对相关变量进行分析。

（1）宏观环境因素和项目特质因素影响PPP项目债务融资风险

通过分析得知，PPP项目债务融资风险问题主要表现在项目前期的政策风险和合规性风险，建设期的信用风险和市场风险，运营期的利益相关方违约风险和分担机制风险6个方面。其主要受宏观环境因素和项目特质因素影响。宏观环境因素主要包括政策多变性、技术变革、银行贷款利率、市场多变性、风险分担机制和外部条件多变性等6个显变量。项目特质影响因素主要包括项目质量、项目资产不足、预期收益率偏差、成本主体失控、现金流不足和项目需求错配等6个显变量。曹洪华和彭邦文（2016）认为宏观环境因素是影响PPP项目债务融资的核心因素，该因素不仅影响债务融资的风险问题，更影响整个PPP项目在债务融资流程的各个环节。黎毅和邢伟健（2018）指出，2018年3月28日，财政部《关于规范金融企业对地方政府和国有企业投融资行为有关问题的通知》（财金〔2018〕23号文）对以债务性资金充当项目资本金做出详细的规定。政策多变性和技术变革对PPP项目前期的政策风险和合规性风险有显著作用。PPP项目的风险分担机制受宏观政策及参与方需求的影响，目前我国没有完善的与风险分担相关的政策，参与方往往只顾及自身利益最大化，不愿意承担项目风险，从而容易引发PPP项目债务融资风险。外部条件多变性和风险分担政策直接影响利益相关方违约风险和风险分担机制风险。由于项目质量不足及项目资产匮乏，相关PPP项目无法满足现有规章制度，容易造成合规性风险。PPP项目资产不足直接影响PPP项目增信能力，PPP项目可能面临中止甚至停止的风险。现金流不足造成PPP信用不足，易引发信用风险。

假设1：宏观环境因素和项目特质因素与PPP项目债务融资风险呈正相关关系

（2）增信能力因素和渠道优劣性因素影响PPP项目债务融资增信措施

通过分析得知，SJ公司PPP项目全生命周期债务融资增信措施问题主要表现在项目前期的增信主体和增信能力，建设期的增信意愿和增信方式，运营期的增信流程和增信不确定性等6个方面。其主要受到增信能力因素和渠道优劣性因素的影响。增信能力因素主要包括项目前期的担保方式和信用评价体系，建设期的财政补贴缺位和贷款条件，运营期的贷款审批流程和增信条件错配。叶芳（2017）认为PPP项目的增信能力直接影响其融资，一般通过股东担保方式对PPP项目进行增信。财预〔2017〕87号文规定政府不能为了推广PPP项目而购买相关服务，这样一来，股东作为增信主体对PPP项目产生增信的作用不复存在。所以，担保方式直接对增信主体产生影响。赵双剑等（2018）认为PPP模式缺乏制度保障和增信条件错配导致PPP项目增信方式不足、意愿低下，难以从银行等金融机构获取足额融资。杜红静（2017）认为PPP项目要想获得增信必须以项目自身的现金流获得增信，从而导致融资风险加大。渠道优劣性因素主要包括项目前期的融资渠道环境和渠道评估，建设期的贷款依赖程度和渠道过度限制，运营期的渠道时间错配和资本投资意愿低。李英攀和刘名强（2017）指出，PPP项目信用评价体系有待完善，目前现存的增信方式难以满足债务融资方式的使用，降低PPP项目增信能力。

假设2：增信能力因素和渠道优劣性因素与PPP项目的增信措施呈正相关关系

（3）增信能力、渠道优劣性和项目特质等因素影响PPP项目债务融资渠道

通过分析得知，PPP项目债务融资渠道问题主要表现在项目前期的融资难度和渠道选择，建设期的渠道利用度和渠道形式，运营期的渠道匹配度和渠道参与度等6个显变量。其主要受到增信能力因素、渠道优劣性因素和项目特质因素的影响。增信能力因素主要包括担保方式、信用评价体系、财政补贴缺位、贷款条件、贷款审批流程和增信条件错配。渠道优劣性因素主要包括融资渠道环境、渠道评估、贷款依赖程度、渠道过度限制、渠道时间错配和资本投资意愿低等6个显变量。项目特质因素主要包括项目质量、项目资产不足、预期收益率偏差、成本主体失控、现金流不足和项目需求错配等6个显变量。对于资金需求量大的PPP项目，需要通过发行债券进行融资，也可以通过资产证券化实现，对于资金需求量小的PPP项目，可以利用银行贷款。PPP项目债务融资难度与渠道选择困难主要受到目前PPP项目债务融资环境多变和渠道评估的影响。SJ公司PPP项目在建设期的债务融资方式比较单一，过分依赖银行的商业贷款。目前诸多金融政策收紧，在此前提下，PPP项目建设期的渠道利用度被无限往下压，相关资金压力与日俱增。渠道利用度有限和渠道形式的问题在一定程度上受到SJ公司对银行贷款的依赖程度和渠道过度限制的影响。林丽（2018）认为在发展和建设PPP公共设施的过程中，必须通过多种融资渠道共同发展来实现优劣互补，运营期渠道匹配度受到渠道时间错配影响。李嘉辉（2018）认为现有的

PPP项目融资渠道较为狭窄，并且现有渠道与PPP项目全生命周期的匹配度不足，导致无法选择更加合适的融资渠道，金融机构投资意愿低直接导致PPP项目搁浅。张祎（2012）认为如何用科学的渠道评估方式选择合适的融资渠道也是目前我国PPP项目融资面临的棘手问题之一。

假设3：增信能力、渠道优劣性和项目特质等因素与PPP债务融资渠道呈正相关关系

（4）宏观环境因素和项目特质因素影响PPP项目债务融资成本

通过分析得知，PPP项目债务融资成本问题主要表现在项目前期的贷款成本和评估成本，建设期的建设成本和管理成本，运营期的融资结构和融资期限。其主要受到宏观环境因素和项目特质因素的直接影响。宏观环境因素主要包括政策多变性、技术变革、银行贷款利率、市场多变性、风险分担机制和外部条件多变性等6个显变量。项目特质因素主要包括项目质量、项目资产不足、预期收益率偏差、成本主体失控、现金流不足和项目需求错配等6个显变量。PPP项目自身的项目质量参差不齐，项目质量好的PPP项目比项目质量差的更容易获得银行贷款，项目质量差的PPP项目即使获得贷款，其相对应的融资成本也会高于其他项目。项目前期由于政府作为参与方进行物有所值评价，对于评价不到位的PPP项目，或者评价到位但是政府资金不足导致政府财政补贴严重缺位的PPP项目，直接影响其前期债务融资成本。PPP项目的银行贷款难是有目共睹的，而银行贷款利率和成本主体失控对银行贷款利息高低起决定性作用。国家的相关政策又决定银行的放贷利率，直接影响PPP项目的融资成本。在项目运营期，未来现金流的情况仍无法确定，预期收益在现金流的影响下的偏差受到显著影响。由于在运营期项目需求错配，PPP债务融资不再只考虑单一主体，融资渠道选择考虑债券融资或者资产证券化等不确定性更大的方式，也容易导致过高的融资成本。叶斐（2016）认为目前大部分PPP项目的融资成本容易受市场供需变动

和银行贷款利率的影响。

假设4：宏观环境因素和项目特质因素与PPP项目融资成本呈正相关关系

5.2.2 变量选择

（1）SJ公司PPP项目全生命周期债务融资问题的相关变量分析

全书根据结构方程模型从融资风险、增信措施、融资渠道和融资成本4个方面问题对SJ公司PPP项目全生命周期债务融资进行深层次的分析，以下从PPP项目前期、建设期和运营期分别展开描述。融资风险问题细分为项目前期的合规性风险和政策风险，项目建设期的信用风险和市场风险，项目运营期的利益相关方违约风险和分担机制风险。增信措施问题细分为项目前期的增信主体和增信能力，项目建设期的增信方式和增信意愿，项目运营期的增信流程和增信不确定性。融资渠道问题细分为项目前期的融资难度和渠道选择，项目建设期的渠道利用度和渠道形式，项目运营期的渠道匹配度和渠道参与度。融资成本问题细分为项目前期的贷款成本和评估成本，项目建设期的建设成本和管理成本，项目运营期的融资结构和融资期限问题。

①SJ公司PPP项目全生命周期债务融资风险问题的变量分析

PPP项目全生命周期债务融资的融资风险问题包含6个变量（见表5-1）。我们认为项目前期以政策风险和合规性风险为主，建设期以信用风险和市场风险为主，运营期以利益相关方违约风险和分担机制风险为主。PPP项目的风险情况对其债务融资存在较大影响，首先，PPP项目前期由于不规范占用农田、耕地，PPP项目前期债务融资的贷款申请批复流程复杂，政府对于PPP项目拿地的批复环节要求较严，政策风险和合规性风险在项目前期表现突出。其次，由于PPP项目的投资规模大，其债务融资的杠杆高，资金回收期长，PPP在建设期的成本和收益都存在长时间的不确定性，在此情况下信用风险突出。由于PPP债务融资风险管理不完善，识别风险的方法和控制风险的策略在选择和应用上存在诸多困难，PPP项目具体的措施调整会随着市场变动而变化，信用风险和市场风险成为制约PPP项目建设期债务融资发展的重要问题。最后，在项目运营期，利益相关方存在违约风险和风险在运营期的分担机制不均的问题，由于相关法律法规尚未健全，项目风险的识别和规避经验不足，引发PPP项目中社会资本方或者地方政府等利益相关方违约风险。如福州刺桐大桥项目，投资者仅凭政府的红头文件就盲目建设，未签订合同及缺少“唯一性”，给投资者造成巨大损失。

表5-1　PPP项目债务融资风险性问题指标及测量变量

影响因素	潜变量		测量变量	测量项目
PPP项目全生命周期债务融资问题	融资风险	项目前期	合规性风险	当前PPP项目债务融资在项目前期存在合规性风险的情况
			政策风险	当前PPP项目债务融资在项目前期存在政策风险的情况
		项目建设期	信用风险	当前PPP项目债务融资在建设期存在信用风险的情况
			市场风险	当前PPP项目债务融资在建设期存在市场风险的情况
		项目运营期	分担机制风险	当前PPP项目债务融资在运营期存在无法合理分担风险的情况
			利益相关方违约风险	当前PPP项目债务融资在运营期存在利益相关方违约风险的情况

②SJ公司PPP项目全生命周期债务融资增信措施问题的变量分析

PPP项目全生命周期债务融资的增信措施问题包含6个变量（见表5-2）。本书认为项目前期主要有增信主体和增信能力，建设期有增信流程和增信意愿，运营期有增信方式和增信不确定性，PPP项目的增信措施情况对其债务融资存在较大影响。首先，在项目前期，SJ公司的PPP项目基本由项目公司作为债务融资增信主体，而实际中，社会资本方成为融资增信主体的情况普遍。由于不同的PPP项目的质量差异较大，其资金在运营期的退出机制仍有诸多问题，并且项目公司短期内盈利水平不高，使得项目公司的增信能力和PPP项目增信主体直接影响PPP银行贷款的情况。其次，在项目建设期，SJ公司PPP项目增信措施主要集中在应收账款质押和固定资产抵押，项目公司自身资产有限和社会资本方的增信意愿低的矛盾与日俱增，增信方式和增信意愿差等问题大大阻碍了PPP项目债务融资的推进。最后，在项目运营期，PPP项目资金的偿还来源主要有未来收益和项目资产，且债权人在PPP项目中只有有限的追索权，其在市场中的需求主体在运营期已经发生偏好的变化，现金流具有不稳定性。无论是以应收账款为质押物的债券融资还是以现金流为基础的资产证券化，其操作流程均比较复杂且多变性强。PPP项目运营期的增信流程过于烦琐以及增信不确定性对PPP债务融资的可靠性产生重要影响。

③SJ公司PPP项目全生命周期债务融资渠道问题的变量分析

PPP项目全生命周期债务融资渠道问题包含6个变量（见表5-3）。本书认为项目前期主要有融资难度和渠道选择，建设期有渠道利用度和渠道形式，运营期有渠道匹配度和渠道参与度。PPP项目全生命周期债务融资渠道情况对其债务融资存在较大影响。首先，在项目前期，SJ公司PPP项目债务融资主要受银行贷款申请的影响，由于PPP项目时间长且不确定性因素较多，传统银行贷款的局限性难以满足债务融资需求。渠道选择困难直接导致债务融资难度增加。其次，SJ公司的PPP项目债务融资在项目建设期仍然以银行贷款为主，资金仅仅依靠商业银行和政策性银行，来源过于单一且渠道的利用度不足。由于银行贷款的融资成本高以及贷款限额下降，直接导致SJ公司PPP项目债务融资资金压力大等问题。最后，理论上，运营期债务融资的融资工具主要有项目

表5-2 PPP项目债务融资增信问题指标及测量变量

影响因素	潜变量		测量变量	测量项目
PPP项目全生命周期债务融资问题	增信措施	项目前期	增信主体	PPP项目公司在项目前期债务融资方案运用中本应是融资增信主体，但在实际中，社会资本方成为融资增信的主体的情况
			增信能力	由于项目公司在项目前期增信能力有限，贷款机构更愿意选择传统的股东担保、抵押、质押方式的情况
		项目建设期	增信方式	在建设期，可以利用作为PPP项目债务融资增信措施的方式过于单一的情况
			增信意愿	在建设期，社会资本方作为最大股东愿意提供担保等“强增信”的意愿低的情况
		项目运营期	增信流程	在现有PPP项目债务融资方式单一背景下，项目建设期增信流程过于复杂和烦琐的情况
			增信不确定性	在项目运营期，增信措施不确定性导致债务融资难上加难的情况

收益债、项目收益票据、项目公司债券、项目永续债、项目中期票据、项目永续票据、项目融资租赁以及资产证券化等债务融资工具。将短期、中期和长期不同期限的金融工具引入，保证在运营期资金可以有序地退出和进入。要想提高PPP项目的资金收益水平，应当放大杠杆，利用结构化设计，分散和降低风险。但实际上，SJ公司PPP项目在运营期仅限于银行贷款工具和少量的银团贷款，债务融资工具仍然存在诸多限制。其过于单一的债务融资方式与PPP项目全生命周期特点不匹配，存在期限错配问题。渠道匹配度不足和相关金融机构缺乏参与积极性对SJ公司PPP项目债务融资产生直接影响。

表5-3　PPP项目债务融资渠道问题指标及测量变量

<table>
<tr><th>影响因素</th><th colspan="2">潜变量</th><th>测量变量</th><th>测量项目</th></tr>
<tr><td rowspan="6">PPP项目全生命周期债务融资问题</td><td rowspan="6">融资渠道</td><td rowspan="2">项目前期</td><td>融资难度</td><td>当前PPP项目社会资本方在项目前期获得债务资金难度大的情况</td></tr>
<tr><td>渠道选择</td><td>现有PPP项目债务融资在项目前期存在债务融资渠道选择困难的问题</td></tr>
<tr><td rowspan="2">项目建设期</td><td>渠道利用度</td><td>现有PPP项目债务融资在建设期存在资金渠道利用不全面导致融资困难的情况</td></tr>
<tr><td>渠道形式</td><td>现有PPP项目债务融资在建设期存在融资形式过于单一导致融资困难的情况</td></tr>
<tr><td rowspan="2">项目运营期</td><td>渠道匹配度</td><td>现有PPP项目债务融资在运营期存在渠道匹配度不足导致融资困难的情况</td></tr>
<tr><td>渠道参与度</td><td>现有PPP项目债务融资在运营期存在社会资本方及相关金融机构参与度低导致融资困难的情况</td></tr>
</table>

④SJ公司PPP项目全生命周期债务融资成本问题的变量分析

PPP项目全生命周期债务融资成本问题包含6个变量（见表5-4）。本书认为项目前期以贷款成本和评估成本为主，建设期以建设成本和管理成本为主，运营期以融资结构和融资期限为主，PPP项目的融资渠道情况对其债务融资存在比较大的影响。首先，考虑资本金在项目前期没有回报，也不影响项目所得税，PPP项目内部收益率仅为6%。因此，要想使PPP融资具有可行性，其融资成本需要低于内部收益率（6%）。只有银行和保险才能达到这么低的水平，其他资金成本都在8%以上，无法匹配。其次，在建设期，SJ公司PPP项目债务融资的重点在于降低项目建设成本和保证投资主体对项目的控制权的融资目标上，PPP项目建设成本高，提高资金收益存在较为严重的问题。建设管理成本居高不下直接影响PPP项目建设期债务融资。最后，在运营阶段，PPP项目运营阶段的融资目标是以合理的成本取得替代性债务融资，保证建设期融资主体的及时退出，取得最有效的债务工具以确保项目资产的独立性和经营灵活性，从而达到PPP项目社会资本方整个周期的资金合理退出和风险分担。因此，融资结构和融资期限是该阶段债务融资的重点关注问题。

表5-4 PPP项目债务融资成本问题指标及测量变量

影响因素	潜变量		测量变量	测量项目
PPP项目全生命周期债务融资问题	融资成本	项目前期	贷款成本	目前PPP项目在项目前期银行贷款成本高导致PPP债务融资成本高的问题
			评估成本	目前PPP项目在项目前期物有所值评价成本高导致债务融资成本高的问题
		项目建设期	建设成本	PPP项目建设期由项目公司负责的建设成本过高导致债务融资成本高的问题
			管理成本	PPP项目建设期由施工管理成本过高导致债务融资成本高的问题
		项目运营期	融资期限	PPP项目运营期融资期限过长造成债务融资成本高的问题
			融资结构	PPP项目运营期融资结构不合理造成债务融资成本高的问题

（2）SJ公司PPP项目全生命周期债务融资问题的影响因素变量分析

结合调查问卷和SJ公司PPP项目分析，当前SJ公司PPP债务融资存在问题的影响因素有宏观环境、增信能力、渠道优劣性和项目特质4个方面，每个方面从项目前期、建设期和运营期三个阶段考虑又分为6个指标。宏观环境因素主要包括前期的政策多变性和技术变革，建设期的银行贷款利率和市场多变性，运营期的外部条件多变性和风险分担政策。增信能力因素主要包括前期的担保方式和信用评价体系，建设期的财政补贴缺位和贷款条件，运营期的贷款审批流程和增信条件错配。渠道优劣因素主要包括前期的融资渠道环境和渠道评估，建设期的贷款依赖程度和渠道过度限制，运营期的渠道时间错配和资本投资意愿低。项目特质因素包括项目前期的项目质量和项目资产不足，建设期的预期收益率偏差和成本主体失控，运营期的现金流不足和项目需求错配。四大变量分类主要来自国内外文献研究与总结，本书在此基础上将四大变量拓展为24个小变量，并通过结构方程的模型构建，对路径系数进行判断以及确定各变量是否拟合。

①SJ公司PPP项目全生命周期债务融资宏观环境因素的变量分析

杨雪琴和刘敏（2016）认为宏观环境因素是影响PPP项目债务融资的核心因素，其不仅仅影响债务融资风险性问题，更影响整个PPP项目债务融资流程的各个环节。袁璨、朱丽军（2015）认为影响PPP项目融资的宏观环境因素以政策性风险和风险分担机制为主。宏观环境因素包含政策多变性、技术变革、银行贷款利率变化、市场多变性、风险分担政策和外部条件多变性等6个显变量（见表5-5）。其中，以政策多变性、银行贷款利率变化、风险分担政策和外部条件多变性为主要影响因素，以技术变革和市场多变性为辅助影响因素。

②SJ公司PPP项目全生命周期债务融资增信能力因素的变量分析

增信能力包括项目前期的担保方式和信用评价体系、建设期的财政补贴缺位和贷款条件、运营期的贷款审批流程和增信条件错配等6个变量（见表5-6）。姜增明（2018）认为PPP项目的融资需要以股东担

表5-5　PPP项目债务融资宏观环境指标及测量变量

影响因素	潜变量		测量变量	测量项目
PPP项目全生命周期债务融资问题的原因	宏观环境	项目前期	政策多变性	政策多变性导致PPP项目协议不符合政策的情况
			技术变革	PPP项目技术变革导致项目相关违规操作的情况
		项目建设期	银行贷款利率变化	建设期债务融资受到银行贷款利率变动的影响
			市场多变性	相关债务融资市场多变性导致无法规避市场风险的情况
		项目运营期	外部条件多变性	由于外部条件多变性导致的利益相关方倾向于选择对自身更有利的结果影响债务融资的情况
			风险分担政策	由于风险分担政策导致PPP项目在未来的长期风险控制和分担较难影响债务融资的情况

保的方式增信，其增信能力和担保意愿直接影响债务融资的情况。李泽正和刘振宇（2017）认为PPP项目获得增信的最有效方式是以项目自身的现金流为基础。李钟文、张英杰（2015）指出银行等金融机构在审批PPP贷款时贷款审批流程比较复杂，对PPP项目债务融资起到阻难作用。由于PPP项目公司缺乏增信条件，目前，SJ公司的PPP项目债务融资主要由出资方进行增信，该增信方式不仅违背了PPP模式发展的初衷，也大大增加了SJ公司作为股东的投资风险，产生一系列债务融资相关问题。

表5-6　　PPP项目债务融资增信能力指标及测量变量

影响因素	潜变量		测量变量	测量项目
PPP项目全生命周期债务融资问题的原因	增信能力	项目前期	担保方式	贷款机构更愿意选择传统的股东担保、抵押、质押方式等限制债务融资担保方式的情况
			信用评价体系	PPP项目信用评价体系对金融机构是否放贷及抵押和担保的情况
		项目建设期	财政补贴缺位	政策调整后，缺乏政府方担保或政府补贴的PPP项目债务融资更加困难的情况
			贷款条件	部分愿意提供担保等"强增信"的社会资本方不符合金融机构的贷款条件的情况
		项目运营期	增信条件错配	以收费权或特许经营权质押进行"有限追索"融资与实践中传统的担保、抵押和质押错配的情况
			贷款审批流程	运营期贷款审批流程复杂影响债务融资推进及融资成本增加的情况

③SJ公司PPP项目全生命周期债务渠道优劣性因素的变量分析

PPP项目的债务融资渠道多种多样，一般通过银行借款和融资租赁完成融资，也可以引入保险、债券和资产证券化等渠道。SJ公司PPP项目债务融资模式主要采用贷款模式，目前贷款模式主要有单独贷款、银团贷款、拼盘贷款三种模式。SJ公司PPP项目债务渠道优劣性因素包括项目前期的融资渠道环境和渠道评估，建设期的贷款依赖程度和渠道过度限制，运营期的渠道时间错配和资本投资意愿低等6个显变量（见表5-7）。魏加威等（2017）认为，根据不同PPP项目的投资回收期不同可以选择不同的融资渠道。对于因技术复杂对建设机械的要求高的地下综合管廊PPP项目，采用融资租赁方式可以为项目节省大量资金。高速公路类型的PPP项目由于具备稳定的现金流可以尝试采用ABS模式和发行债券的方式进行融资。李艳茹和卢晓广（2015）指出PPP项目债务融资应根据全生命周期的项目前期、项目建设期和项目运营期的不同特点进行债务融资。郭雪萌（2019）认为PPP债务融资易受到贷款依赖程度的影响。

表5-7　　PPP项目债务融资渠道优劣性指标及测量变量

影响因素	潜变量		测量变量	测量项目
PPP项目全生命周期债务融资问题的原因	渠道优劣性	项目前期	融资渠道环境	金融机构参与PPP项目债务融资的法律环境有待放松的情况
			渠道评估	缺乏合理的方法对现有的债务融资渠道加以评估和选择的情况
		项目建设期	贷款依赖程度	PPP债务融资过度依赖商业银行贷款和政策性银行贷款
			渠道过度限制	金融机构参与PPP债务融资的限制大，导致渠道形式单一
		项目运营期	渠道时间错配	现有债务融资工具融资期限与PPP项目时间错配
			资本投资意愿低	匹配PPP项目全生命周期特征的债务融资市场参与度不够

④SJ公司PPP项目全生命周期债务项目特质因素的变量分析

PPP项目巨额的资金投入需要相关金融机构提供大量债务资金，其融资成本直接影响PPP项目融资的进行。王卓君（2017）认为在PPP项目中政府方财政补贴缺位会阻碍合适融资渠道的选择从而增加PPP项目的融资成本。周晓杰、尹贻林（2018）认为过度依赖商业银行贷款的PPP项目的融资成本在与商业银行协商时很难占据主导地位，进一步增加债务融资成本。吴凌畅（2017）指出市场供需的变动也可能影响融资成本。前几年PPP模式大举引入国内时市场效应火热，在此情形下金融机构可能会为了争取商机而适当降低融资成本。如今PPP模式进入冷冻期，各个金融机构在PPP债务融资中纷纷提高砝码，增加了流程困难程度，也促使PPP项目债务融资难度增加，成本水涨船高。王远胜（2016）认为目前许多PPP项目的融资成本受市场供需变动的影响较为明显。项目特质影响因素分为项目前期的项目质量和项目资产不足，建设期的成本主体失控和预期收益率偏差，运营期的现金流不足和项目需求错配等6个显性指标（见表5-8）。

表5-8　PPP项目债务融资的项目特质影响因素及测量变量

影响因素	潜变量		测量变量	测量项目
PPP项目全生命周期债务融资问题的原因	项目特质	项目前期	项目质量	PPP项目本身质量参差不齐使得采取银行贷款时资金成本过高
			项目资产不足	政策调整后，缺乏政府方担保的PPP项目本身资产匮乏
		项目建设期	预期收益率偏差	预期收益率偏差影响融资结构，难以推进债务融资
			成本主体失控	项目建设期成本主体失控导致无法选择更适宜的融资渠道
		项目运营期	现金流不足	运营期现金流不足使得债务融资缺乏可靠担保导致债务融资困难
			项目需求错配	PPP项目需求错配及融资期限不匹配导致融资成本的增加

本书从全生命周期视角对SJ公司PPP项目债务融资问题和原因两个方面进行评价，结合相关潜变量和显变量的设计原则，通过现状引出问题，通过问题反映原因，逻辑递进，构建SJ公司PPP项目全生命周期债务融资的相关影响因素评价体系。全部指标及符号见表5-9。

表5-9 SJ公司PPP项目债务融资问题及影响因素评价体系构建

<table>
<tr><th></th><th></th><th>一级变量</th><th>二级变量</th><th>符号</th></tr>
<tr><td rowspan="18">SJ公司PPP项目债务融资</td><td rowspan="18">债务融资问题</td><td rowspan="6">风险性问题</td><td>政策风险</td><td>FX1</td></tr>
<tr><td>合规性风险</td><td>FX2</td></tr>
<tr><td>信用风险</td><td>FX3</td></tr>
<tr><td>市场风险</td><td>FX4</td></tr>
<tr><td>利益相关方违约风险</td><td>FX5</td></tr>
<tr><td>分担机制风险</td><td>FX6</td></tr>
<tr><td rowspan="6">增信措施问题</td><td>增信主体</td><td>ZX1</td></tr>
<tr><td>增信能力</td><td>ZX2</td></tr>
<tr><td>增信方式</td><td>ZX3</td></tr>
<tr><td>增信意愿</td><td>ZX4</td></tr>
<tr><td>增信流程</td><td>ZX5</td></tr>
<tr><td>增信不确定性</td><td>ZX6</td></tr>
<tr><td rowspan="6">融资渠道问题</td><td>融资难度</td><td>RZ1</td></tr>
<tr><td>渠道选择</td><td>RZ2</td></tr>
<tr><td>渠道利用度</td><td>RZ3</td></tr>
<tr><td>渠道形式</td><td>RZ4</td></tr>
<tr><td>渠道匹配度</td><td>RZ5</td></tr>
<tr><td>渠道参与度</td><td>RZ6</td></tr>
</table>

续表

		一级变量	二级变量	符号
SJ公司PPP项目债务融资	债务融资问题	融资成本问题	贷款成本	CB1
			评估成本	CB2
			建设成本	CB3
			管理成本	CB4
			融资期限	CB5
			融资结构	CB6
	债务融资问题的影响因素	宏观环境影响因素	政策多变性	FXY1
			技术变革	FXY2
			银行贷款利率	FXY3
			市场多变性	FXY4
			外部条件多变性	FXY5
			风险分担政策	FXY6
		增信能力影响因素	担保方式	ZXY1
			信用评价体系	ZXY2
			财政补贴缺位	ZXY3
			贷款条件	ZXY4
			贷款审批流程	ZXY5
			增信条件错配	ZXY6

续表

		一级变量	二级变量	符号
SJ公司PPP项目债务融资	债务融资问题的影响因素	渠道优劣性影响因素	融资渠道环境	RZY1
			渠道评估	RZY2
			贷款依赖程度	RZY3
			渠道过度限制	RZY4
			渠道时间错配	RZY5
			资本投资意愿低	RZY6
		项目特质影响因素	项目质量	CBY1
			项目资产不足	CBY2
			预期收益率偏差	CBY3
			成本主体失控	CBY4
			现金流不足	CBY5
			项目需求错配	CBY6

5.2.3 问卷调查表的设计、发放与预处理

（1）问卷调查表的设计

全书的设计思路是从现状中找问题，从问题中找原因，根据现状、问题及原因三个方面层层递进的逻辑关系和内在联系分析SJ公司PPP项目全生命周期债务融资主要存在的问题，并提出针对性的建议。首先，根据对国内外文献的查阅和研究以及对SJ公司PPP项

目专家的访谈，总结目前SJ公司PPP项目债务融资存在的主要问题，再依据访谈内容总结设计问卷调查表请专家打分，将问卷调查表的打分结果通过SPSS软件处理，分析数据的有效性。其次，根据结构方程利用AMOS 23.0软件绘制模型图，即描绘问题对原因的模型。把问卷调查收集到的有效数据结合模型得出拟合结果，模型的拟合度可以根据相关指标的数据得以体现。在模型能够正常拟合的情况下，通过对路径系数比较大小，判断模型的拟合优度，确定各变量间的影响程度，得出不同变量之间存在的影响关系，从而判断出影响SJ公司PPP项目债务融资问题的主要因素及次要因素，并基于此提出具有针对性的对策。

根据上述设计思路，将问卷调查表分为五个部分，具体内容见附录5。

第一部分是被访问者的基本情况，主要关注其所在的行业、任职单位、参与PPP的角色、本人职称，以及参与PPP项目的年限。

第二部分是我国PPP项目债务融资现状，主要内容根据PPP项目全生命周期的项目前期、项目建设期和项目运营期等三个方面展开。1~9为总体的债务融资方式，10~15为PPP项目全生命周期融资，10和11为PPP债务融资项目前期，12和13为PPP债务融资项目建设期，14和15为PPP债务融资项目运营期。

第三部分是我国PPP项目债务融资存在的主要问题，该部分内容在空间维度上从PPP项目债务融资的融资风险问题、增信措施问题、融资渠道问题和融资成本问题等四个方面阐述，在时间维度上根据PPP项目项目前期、项目建设期和项目运营期等全生命周期细分。其中空间维度包括融资风险问题（1~6）、增信措施问题（7~12）、融资渠道问题（13~18），以及融资成本问题（19~24）。

第四部分是我国PPP项目存在主要问题的影响因素，该部分内容包括宏观环境影响因素、增信能力影响因素、渠道优劣性影响因素及项目特质影响因素四个方面，且每部分影响因素再根据不同生命周期进行划分。影响因素具体包括宏观环境影响因素（1~6）、增信能力影响因素（7~12）、渠道优劣性影响因素（13~18）、项目特质影响因素（19~24）。

第五部分是对策建议，采用开放式问卷，请被访问者结合过往经验和实际情况，针对PPP项目债务融资存在的问题，提出自己的建议。

（2）问卷调查的发放

关于PPP债务融资问题的调查问卷，其样本的选择至关重要，在选取样本时，我们要考虑诸多因素，包括对方所在的单位，如政府部门和科研院所以及企业的设计、建设、运营、财务和综合管理等部门。对方的角色包括其授权的实体以及政府方和承办方。对方的职称，如初、中还是高级。最后还有一个很重要的因素就是对方参与PPP项目的年限，这与其对PPP项目的了解有直接的联系，包括2年、3~5年、6~10年与10年以上。样本的选取应当具有代表性，这样才能使得该问卷更有权威性，因此拥有多年丰富经验的政府或企业的PPP项目专家成为首选。SJ公司拥有成熟的PPP项目团队，因此该问卷会发放给SJ公司相关专家进行填写。共发出问卷调查表500份，收回428份，有效样本402份。样本分布见表5-10。

表5-10 问卷的样本分布简况

样本基本情况	所属项	人数	百分比
所在单位	集团公司	8	1.99%
	子分公司	104	25.87%
	项目公司	290	72.14%
所在部门	工程部	147	36.57%
	运营部	123	30.60%

续表

样本基本情况	所属项	人数	百分比
所在部门	财务部	88	21.89%
	综合管理部	32	7.96%
	维护部	4	1.00%
	其他	8	1.99%
所参与的PPP项目领域	公共交通	76	18.91%
	市政工程	198	49.25%
	生态建设和环保	21	5.22%
	水利建设	2	0.50%
	能源	5	1.24%
	教育	2	0.50%
	科技	1	0.25%
	文化	1	0.25%
	养老	0	0.00%
	医疗	0	0.00%
	农业	0	0.00%
	旅游	7	1.74%
	片区开发	9	2.24%

续表

样本基本情况	所属项	人数	百分比
所参与的PPP项目领域	设施	8	1.99%
	体育	67	16.67%
	社会保障	5	1.24%
	供排水	0	0.00%
	其他	0	0.00%
所参与的PPP项目回报机制	政府付费	138	34.33%
	使用者付费	121	30.10%
	可行性缺口补助	143	35.57%
所参与的PPP项目的总规模	20亿元以下	222	55.22%
	20亿~40亿元（不含）	123	30.60%
	40亿~60亿元（不含）	54	13.43%
	60亿~80亿元（不含）	3	0.75%
	80亿元以上	0	0.00%
参与PPP项目年限	3年以下	224	55.72%
	3~5年	133	33.08%
	6~10年	32	7.96%
	10年以上	13	3.23%

续表

样本基本情况	所属项	人数	百分比
职称	初级	257	63.93%
	中级	132	32.84%
	高级	13	3.23%
性别	男	282	70.15%
	女	120	29.85%

（3）问卷调查结果的预处理

问卷调查结果的预处理包括信度与效度分析。信度指标的作用是用于衡量问卷调查的可靠程度，信度分析主要采用相同的方式重复测试问卷中的某一对象，并且其结果具备一致性。通过信度分析可以精确判断该研究对象的真实性，以达到对问卷调查的可靠度的精确判断。目前，问卷调查信度分析的通用方式是克朗巴哈系数指标分析（见表5-11）。效度指标的作用是用于衡量每个测量项目对研究问题的有效程度，并且对每个测量项目是否可以解决问题做出判断，通过对所测项目和所测结果的一致性来判断效度的高低程度。全书将在问卷调查所得数据有效且可靠的前提下，根据主成分分析法对SJ公司PPP项目债务融资的影响因素的相关变量进行归纳，并根据归纳的相关因子对SJ公司PPP项目债务融资的影响程度进行分析。

①SJ公司PPP项目全生命周期债务融资问题的信度与效度分析

利用SPSS软件对SJ公司PPP项目债务融资问题相关指标进行信度分析，得出各个相关指标的Cronbach's Alpha系数值见表5-12。

表 5-11　　Cronbach's Alpha系数表

Cronbach's Alpha系数	可信度	正规量表
Cronbach's Alpha系数<0.5	不理想，舍弃	非常不理想，舍弃
0.5≤Cronbach's Alpha系数<0.6	可以接受	不理想，重新编制或制定
0.6≤Cronbach's Alpha系数<0.7	尚佳	勉强接受，增列题项或修改
0.7≤Cronbach's Alpha系数<0.8	佳（信度高）	可以接受
0.8≤Cronbach's Alpha系数<0.9	理想	佳
Cronbach's Alpha系数≥0.9	非常理想（信度非常好）	非常理想（佳，信度很高）

表 5-12　　PPP项目债务融资问题相关指标信度分析

变量	测量题项	Cronbach's Alpha if Item Deleted	Alpha系数
PPP项目债务融资问题	FX1	0.967	0.969
	FX2	0.969	
	FX3	0.969	
	FX4	0.971	
	FX5	0.972	
	FX6	0.969	
	ZX1	0.968	
	ZX2	0.968	
	ZX3	0.969	
	ZX4	0.967	
	ZX5	0.967	
	ZX6	0.967	
	RZ1	0.967	

续表

变量	测量题项	Cronbach's Alpha if Item Deleted	Alpha系数
PPP项目债务融资问题	RZ2	0.967	0.969
	RZ3	0.967	
	RZ4	0.968	
	RZ5	0.968	
	RZ6	0.967	
	CB1	0.968	
	CB2	0.967	
	CB3	0.967	
	CB4	0.968	
	CB5	0.969	
	CB6	0.967	

从表5-12可以看出，Alpha的系数是0.969，一旦删除题项，会造成SJ公司PPP项目融资现状总体指标可信度降低，说明量表整体可信度较高。

对SJ公司PPP项目债务融资问题进行KMO and Bartlett's Test（见表5-13），KMO=0.918（>0.7），Bartlett的检验结果显著（sig.=0.000），对其可以采取因子分析。

表5-13 KMO and Bartlett's Test

Kaiser-Meyer-Olkin Measure of Sampling Adequacy		0.918
Bartlett's Test of Sphericity	Approx.Chi-Square	17 631.834
	df	276
	sig.	0.000

②SJ公司PPP项目全生命周期债务融资影响因素的信度与效度分析

利用SPSS软件对SJ公司PPP项目融资问题的原因（影响因素）相关指标进行信度分析，得出各个相关指标的Cronbach's Alpha系数值（见表5-14）。

表5-14　PPP项目债务融资问题的影响因素相关指标信度分析

变量	测量题项	Cronbach's Alpha if Item Deleted	Alpha系数
PPP项目债务融资问题的影响因素	FXY1	0.986	0.986
	FXY2	0.985	
	FXY3	0.985	
	FXY4	0.985	
	FXY5	0.985	
	FXY6	0.985	
	ZXY1	0.985	
	ZXY2	0.986	
	ZXY3	0.986	
	ZXY4	0.986	
	ZXY5	0.986	
	ZXY6	0.986	
	RZY1	0.985	
	RZY2	0.985	
	RZY3	0.985	
	RZY4	0.985	
	RZY5	0.986	
	RZY6	0.985	

续表

变量	测量题项	Cronbach's Alpha if Item Deleted	Alpha系数
PPP项目债务融资问题的影响因素	CBY1	0.986	0.986
	CBY2	0.986	
	CBY3	0.986	
	CBY4	0.986	
	CBY5	0.987	
	CBY6	0.986	

从表5-14可以看出SJ公司PPP项目融资问题的影响因素总体指标的Alpha系数为0.986，并且任何题项一旦删除后，都会导致总体的可信度降低，说明从整体而言，量表的可信度比较高。

对SJ公司PPP项目债务融资问题的原因（影响因素）进行KMO and Bartlett's Test（见表5-15），KMO=0.946（>0.7），Bartlett检验结果显著（sig.=0.000），对其可采取因子分析。

表5-15 KMO and Bartlett's Test

Kaiser-Meyer-Olkin Measure of Sampling Adequacy		0.946
Bartlett's Test of Sphericity	Approx.Chi-Square	21 719.723
	df	276
	sig.	0.000

5.2.4 模型的构建

（1）结构方程简介

本书通过引用结构方程模型对SJ公司PPP项目债务融资问题及影响因素之间的精确且复杂关系进行更加准确的分析。结构方程的模型分为两个部分：其一是测量模型；其二是结构模型。测量模型的任务主要是将潜变量和测量变量的关系理清，结构模型的主要作用是描述潜变量相互之间的内部关系。本书将结合SPSS 22.0对问卷数据进行详细处理，通过AMOS 23.0对模型进行拟合并得到一个较为合理的模型，其基本形式如下：

$Y=\hat{y}\eta+\varepsilon$ ①

测量方程：$X=\hat{x}\xi+\delta$ ②

结构方程：$\eta=B\eta+\tau\xi+\zeta$

外源潜变量与潜变量相关联的箭头方向是朝向外面的，内源潜变量的箭头正好与之相反。式①代表外源潜变量的测量方程，Y是外源显变量，η是外源潜变量，$\hat{y}$是Y在η上的负荷矩阵，ε是测量误差。式②代表内源潜变量的测量方程，主要是模拟外源潜变量η和内源潜变量ξ之间的关系，δ表示误差。

（2）基于假设1—4的模型构建

基于假设1至假设4，构建SJ公司PPP项目债务融资问题及影响因素的结构方程模型图（如图5-2所示），进一步验证各核心因素的影响程度。该模型主要基于假设1—4而构建。从模型中可以清晰地看出外源潜变量包括宏观环境因素、增信能力因素、渠道优劣性和项目特质因素，每个外源因素包含6个测量变量，共24个测量变量。宏观环境因素作为外源潜变量，箭头指向融资风险问题和融资成本问题。增信能力因素作为外源潜变量，箭头指向增信措施和融资渠道问题。渠道优劣性因素作为外源潜变量，箭头指向增信措施问题和融资渠道问题。项目特质因素作为外源潜变量，箭头指向融资风险问题、融资渠道问题和融资成本问题。内源潜变量包括融资风险问题、融资渠道问题、增信措施问题和融资成本问题，每个内源潜变量包含6个测量变量，共24个测量变量。同时每个测量变量都有各自的残差，用以调整模型中的测量误差。

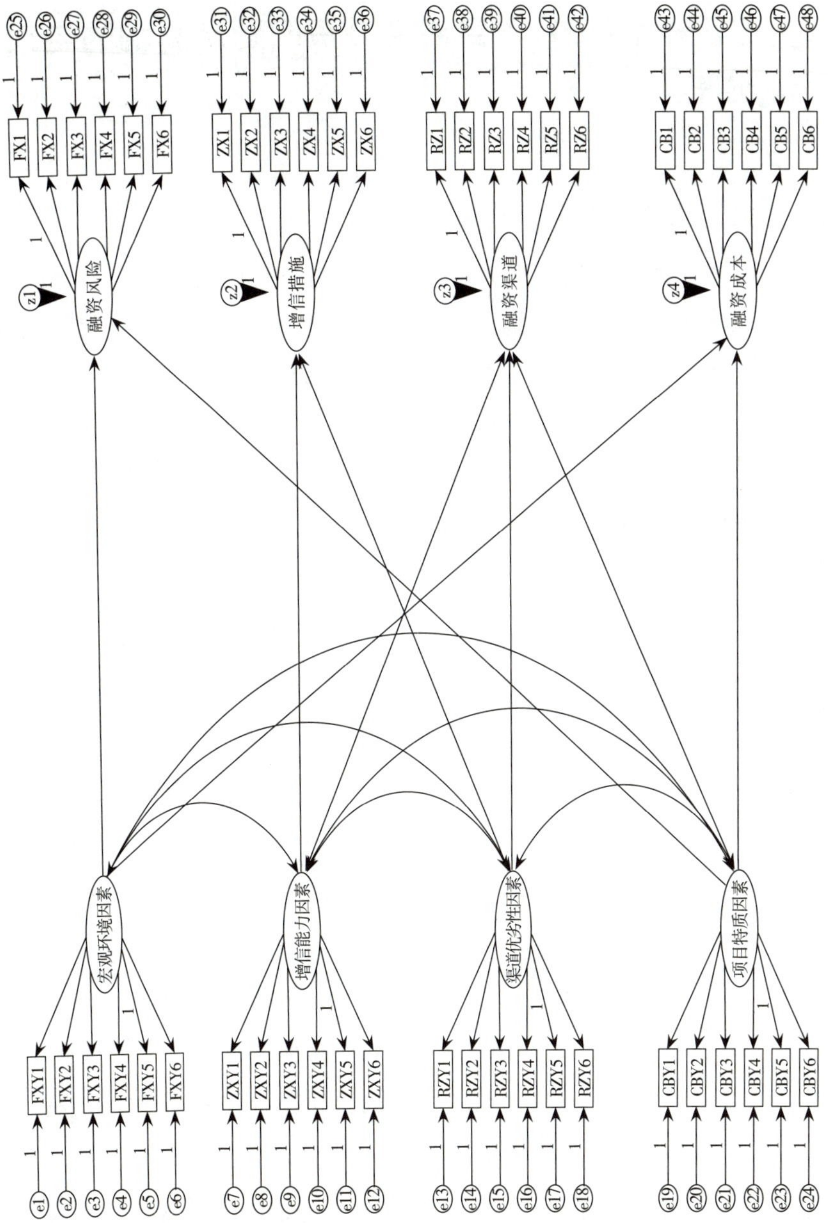

图5-2　SJ公司PPP项目债务融资问题及影响因素的结构方程模型图

5.3 SJ公司PPP项目债务融资问题及影响的结果分析

5.3.1 样本的描述性统计

本书对所选取的问题及原因变量的最小值、最大值、平均值、标准差、偏度和峰度进行描述性统计。相关情况见表5-16，标准差维持在1左右，平均值稳定在3以上，表明被测对象与问卷填写情况差异不大。偏度指标基本小于3，峰度指标基本小于8，符合正态分布标准。因此，根据各个核心指标的统计结果来看，整个描述性统计数据情况良好，可做进一步信度和效度测试。

表5-16 核心变量的描述性统计

变量	个案数	最小值	最大值	平均值	标准差	偏度	峰度
FX1	402	1.0	5.0	3.229	0.9057	0.180	−0.567
FX2	402	1.0	5.0	3.264	0.8650	−0.212	−0.768
FX3	402	1.0	5.0	3.241	0.7632	−0.404	−0.581
FX4	402	1.0	5.0	3.229	0.9408	−0.146	−1.098
FX5	402	1.0	5.0	3.368	0.8555	−0.713	−0.791
FX6	402	1.0	5.0	3.209	0.7711	−0.280	−0.563
ZX1	402	1.0	5.0	3.154	0.6891	0.110	0.566
ZX2	402	1.0	5.0	3.418	0.9069	0.145	−0.485
ZX3	402	1.0	5.0	3.139	0.6079	0.926	3.359
ZX4	402	1.0	5.0	3.373	0.8327	0.798	0.261
ZX5	402	1.0	5.0	3.356	0.8477	0.286	−0.125

续表

变量	个案数	最小值	最大值	平均值	标准差	偏度	峰度
ZX6	402	1.0	5.0	3.328	0.8306	0.609	0.240
RZ1	402	1.0	5.0	3.318	0.9116	0.538	-0.222
RZ2	402	1.0	5.0	3.274	0.8932	0.468	-0.166
RZ3	402	1.0	5.0	3.231	0.8167	0.269	0.004
RZ4	402	1.0	5.0	3.328	0.6859	-0.109	0.451
RZ5	402	1.0	5.0	3.221	0.7155	-0.025	0.212
RZ6	402	1.0	5.0	3.328	0.8858	0.519	-0.125
CB1	402	1.0	5.0	3.154	0.6891	0.754	1.870
CB2	402	1.0	5.0	3.296	0.7233	0.836	1.252
CB3	402	1.0	5.0	3.251	0.7600	0.811	1.081
CB4	402	1.0	5.0	3.177	0.6819	0.806	1.984
CB5	402	1.0	5.0	3.114	0.6331	0.496	2.055
CB6	402	1.0	5.0	3.244	0.7673	0.785	1.011
FXY1	402	1.0	5.0	3.192	0.7377	0.616	1.086
FXY2	402	1.0	5.0	3.251	0.7600	0.605	0.810
FXY3	402	1.0	5.0	3.313	0.6965	0.510	1.037
FXY4	402	1.0	5.0	3.363	0.7490	0.725	0.743
FXY5	402	1.0	5.0	3.301	0.7177	0.539	0.942
FXY6	402	1.0	5.0	3.313	0.7348	0.645	0.907
ZXY1	402	1.0	5.0	3.313	0.6597	0.293	1.057

续表

变量	个案数	最小值	最大值	平均值	标准差	偏度	峰度
ZXY2	402	1.0	5.0	3.303	0.7253	0.372	0.701
ZXY3	402	1.0	5.0	3.244	0.6993	0.328	0.883
ZXY4	402	1.0	5.0	3.373	0.6848	0.302	0.817
ZXY5	402	1.0	5.0	3.346	0.6754	0.233	0.851
ZXY6	402	1.0	5.0	3.420	0.7132	0.469	0.657
RZY1	402	1.0	5.0	3.284	0.7021	0.845	1.474
RZY2	402	1.0	5.0	3.281	0.7292	0.829	1.249
RZY3	402	1.0	5.0	3.323	0.7573	0.873	0.946
RZY4	402	1.0	5.0	3.197	0.5855	0.236	1.838
RZY5	402	1.0	5.0	3.323	0.6846	0.797	1.398
RZY6	402	1.0	5.0	3.276	0.6669	0.784	1.720
CBY1	402	2.0	5.0	3.326	0.6323	1.273	1.175
CBY2	402	1.0	5.0	3.303	0.6296	0.683	1.780
CBY3	402	1.0	5.0	3.269	0.6054	0.675	2.141
CBY4	402	1.0	5.0	3.323	0.6955	0.851	1.372
CBY5	402	1.0	5.0	3.082	0.6779	0.767	2.205
CBY6	402	1.0	5.0	3.147	0.6669	0.534	1.670

5.3.2 模型的拟合

通过导入样本数据，在AMOS软件中运行得到路径系数图（如图5-3所示），路径系数表（见表5-17）以及拟合度指标（见表5-18）。

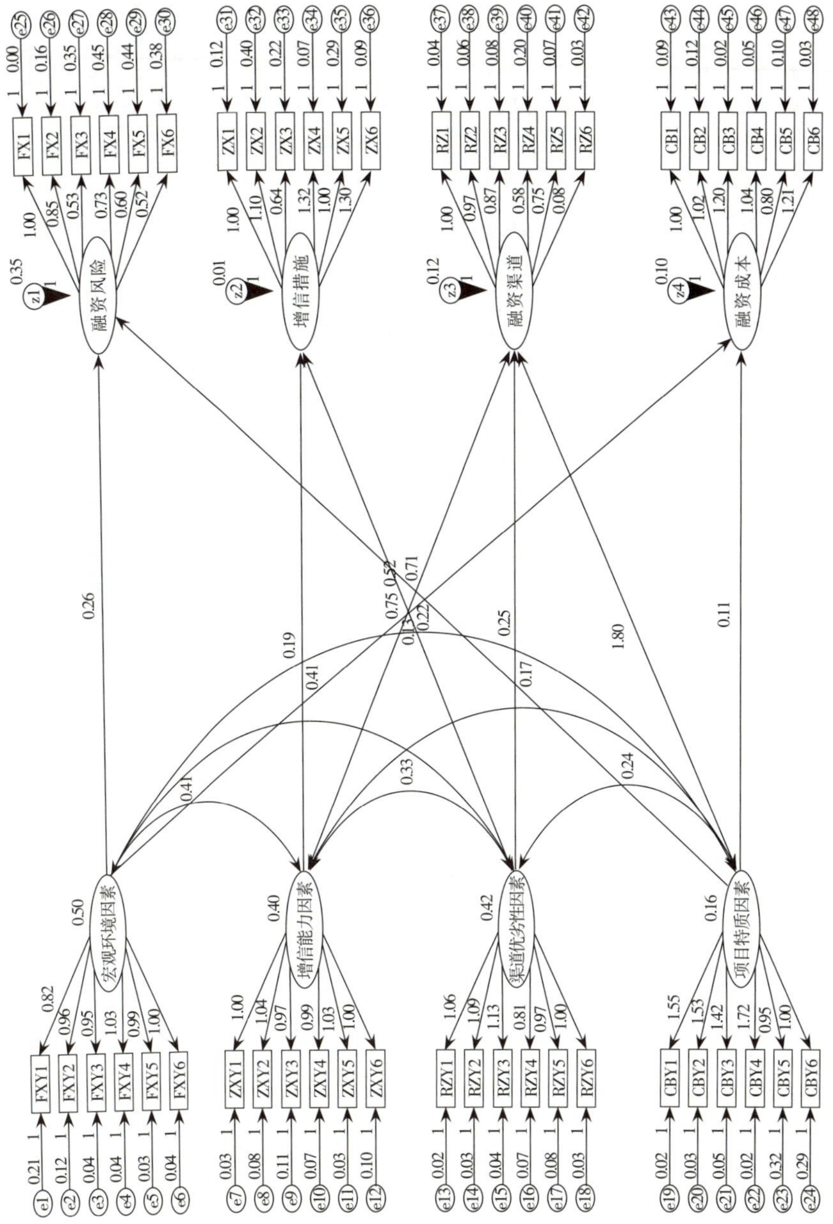

图 5-3　标准化路径系数图

表 5-17 路径系数表

			Estimate	S.E.	C.R.	P	Label
风险性问题	<---	宏观环境因素	0.265	0.071	3.717	***	par_1
增信问题	<---	增信能力因素	0.187	0.026	7.151	***	par_2
融资渠道问题	<---	渠道优劣性因素	0.253	0.114	-2.208	0.027	par_3
融资成本问题	<---	项目特质因素	0.11	0.07	1.56	0.119	par_4
风险性问题	<---	项目特质因素	1.34	0.156	8.602	***	par_51
增信问题	<---	渠道优劣性因素	0.747	0.033	22.471	***	par_52
融资渠道问题	<---	增信能力因素	0.52	0.056	9.304	***	par_53
融资成本问题	<---	宏观环境因素	0.711	0.044	16.233	***	par_54
融资渠道问题	<---	项目特质因素	1.795	0.197	9.12	***	par_55
风险分担政策	<---	宏观环境因素	1				
外部条件多变性	<---	宏观环境因素	0.987	0.019	51.312	***	par_11
银行贷款利率变化	<---	宏观环境因素	1.026	0.02	50.127	***	par_12
市场多变性	<---	宏观环境因素	0.946	0.02	47.238	***	par_13
政策多变性	<---	宏观环境因素	0.958	0.029	33.519	***	par_14
技术变革	<---	宏观环境因素	0.819	0.035	23.48	***	par_15
增信条件错配	<---	增信能力因素	1				
贷款审批流程	<---	增信能力因素	1.027	0.029	34.911	***	par_16
贷款条件	<---	增信能力因素	0.992	0.033	30.272	***	par_17
财政补贴缺位	<---	增信能力因素	0.97	0.036	27.057	***	par_18
信用评价体系	<---	增信能力因素	1.044	0.035	29.719	***	par_19

续表

			Estimate	S.E.	C.R.	P	Label
担保方式	<---	增信能力因素	0.999	0.029	34.463	***	par_20
资本投资意愿低	<---	渠道优劣性因素	1				
渠道时间错配	<---	渠道优劣性因素	0.968	0.025	39.123	***	par_21
渠道过度限制	<---	渠道优劣性因素	0.806	0.023	34.952	***	par_22
贷款依赖程度	<---	渠道优劣性因素	1.127	0.021	52.72	***	par_23
渠道评估	<---	渠道优劣性因素	1.091	0.02	55.144	***	par_24
融资渠道环境	<---	渠道优劣性因素	1.063	0.017	61.314	***	par_25
项目需求错配	<---	项目特质因素	1				
现金流不足	<---	项目特质因素	0.953	0.096	9.882	***	par_26
成本主体失控	<---	项目特质因素	1.723	0.118	14.551	***	par_27
预期收益率偏差	<---	项目特质因素	1.42	0.101	14.106	***	par_28
项目资产不足	<---	项目特质因素	1.528	0.106	14.382	***	par_29
项目质量	<---	项目特质因素	1.555	0.107	14.492	***	par_30
合规风险	<---	融资风险	1				
政策风险	<---	融资风险	0.846	0.023	36.168	***	par_31
信用风险	<---	融资风险	0.534	0.033	16.305	***	par_32
市场风险	<---	融资风险	0.726	0.038	19.353	***	par_33
分担机制风险	<---	融资风险	0.596	0.037	16.189	***	par_34
利益相关方违约风险	<---	融资风险	0.515	0.034	15.137	***	par_35
增信主体	<---	增信措施	1				

续表

			Estimate	S.E.	C.R.	P	Label
增信能力	<---	增信措施	1.096	0.063	17.509	***	par_36
增信方式	<---	增信措施	0.643	0.044	14.475	***	par_37
增信意愿	<---	增信措施	1.324	0.045	29.113	***	par_38
增信流程	<---	增信措施	1.095	0.056	19.422	***	par_39
增信不确定性	<---	增信措施	1.3	0.046	28.039	***	par_40
融资难度	<---	融资渠道	1				
渠道选择	<---	融资渠道	0.968	0.018	53.769	***	par_41
渠道利用度	<---	融资渠道	0.865	0.019	46.178	***	par_42
渠道形式	<---	融资渠道	0.58	0.027	21.844	***	par_43
渠道匹配度	<---	融资渠道	0.751	0.017	43.827	***	par_44
渠道参与度	<---	融资渠道	0.979	0.015	64.27	***	par_45
评估成本	<---	融资成本	1				
贷款成本	<---	融资成本	1.018	0.038	26.93	***	par_46
建设成本	<---	融资成本	1.204	0.031	38.382	***	par_47
管理成本	<---	融资成本	1.037	0.031	33.295	***	par_48
融资期限	<---	融资成本	0.883	0.033	26.402	***	par_49
融资结构	<---	融资成本	1.209	0.032	37.644	***	par_50

注：***表示显著性水平 $P<0.01$。

表5-18 初始结构方程模型拟合度指标

衡量指标	评价指标	研究结果	模型适配判断
GFI	>0.9，越接近1越好	0.901	符合
RMR	<0.05，越接近0越好	0.074	一般符合
RMSEA	<0.1，越接近0越好	0.041	符合
AGFI	>0.9，越接近1越好	0.878	一般符合
NFI	越接近1越好	0.907	符合
CFI	越接近1越好	0.948	符合
IFI	越接近1越好	0.944	符合
PNFI	>0.5，越大越好	0.798	符合
PCFI	>0.5，越大越好	0.856	符合
x^2/df	1～3，越小越好	1.977	符合

通过以上路径系数表可以发现大部分指标P值都是显著的，除了渠道优劣性因素对融资渠道问题、项目特质因素对融资成本问题未达到显著程度外，其余路径总体均满足$P<0.05$，由此可以判断各个路径都是有效的，接下来，结合结构方程模型拟合度指标（见表5-18）进一步对模型整体优度进行评价。

通过表5-18可知，初始模型中的x^2/df值为1.977，可以说明该问卷的总体拟合度较为理想。其中，GFI值为0.901，大于0.9，符合要求。RMR值为0.074，与标准值0.05十分接近。RMSEA值为0.041，小于0.1，符合要求。AGFI值为0.878，接近0.9。NFI值为0.907，较接近标准值1，满足要求。CFI值为0.948，十分接近1，符合要求。IFI值为

0.944，十分接近1，满足要求。PNFI值是0.798，大于0.5，满足要求。PCFI值是0.856，大于0.5，满足要求。综合以上指标分析，该模型适合采用结构方程来分析。

5.3.3 结果分析

（1）宏观环境因素和项目特质因素对融资风险的假设分析

本书通过实证分析的方式对PPP项目债务融资风险的影响因素进行验证，其影响因素主要是宏观环境因素和项目特质因素这两个方面，由表5-17可知，路径系数分别为0.265和1.340，通过路径系数间的比较可知，项目特质因素对PPP项目的债务融资风险产生较大影响，并且其影响大大超过了宏观环境因素。这样的结果主要是由于不同类型的PPP项目，拥有的风险属性也不同。经营项目有着较为完善的收费机制，相对于非经营项目在资本回收方面的风险要低得多。项目特质的6个观测变量的因子载荷系数分别是1.555、1.528、1.42、1.723、0.953和1，根据观测变量的因子载荷系数得出项目前期的项目质量、建设期的成本主体失控和运营期的项目需求错配三个指标对其影响较为显著。由于目前PPP项目的资产不足，若无法从银行获得足额债务融资会使得PPP项目无法获得必要资金，PPP项目可能面临中止甚至停止的风险，因此，这样的结果是符合预期的。融资风险的6个观测变量的因子载荷系数分别是1、0.846、0.534、0.726、0.596和0.515，其中风险问题表现比较显著的有合规风险、市场风险和分担机制风险。总体上看，这2个指标对PPP项目融资风险的影响都是显著的。由于国家政策的不断变动使得许多PPP项目存在退库的风险，宏观政策主要从政策文件的完善度、政策文件的多变性考虑。

（2）增信能力因素和渠道优劣性因素对增信措施的假设分析

本书通过实证分析的方式对PPP项目增信措施的影响因素进行验

证，其影响因素主要是增信能力和渠道优劣性，由表5-17可知增信能力和渠道优劣性对PPP项目债务融资增信问题的影响因素的路径系数分别为0.187和0.747，可以看出，融资渠道的优劣性对PPP项目的增信产生的影响大于PPP项目自身的增信能力，总体而言，二者对PPP项目的增信是显著的。渠道优劣性因素的因子载荷分别是1.063、1.091、1.127、0.806、0.968和1，主要是项目前期的渠道评估、建设期的贷款依赖程度和运营期的渠道时间错配等影响因素较为显著。由于当前PPP项目融资渠道十分有限，可供采用的融资渠道过少，同时过度依赖银行贷款，项目公司在进行债务融资时只能过分依赖自身的增信措施。此外，对不同融资渠道的评估也至关重要，若能为PPP项目选择一个较优的融资渠道，可以达到节约成本的目的，也能减少PPP项目增信相关困扰。资本投资意愿过低也会进一步增加PPP项目增信措施的难度。增信措施问题的因子载荷分别是1、1.096、0.643、1.324、1.095和1.3，增信问题中前期的增信能力、建设期的增信意愿和运营期的增信不确定性是主要增信措施问题。目前，PPP项目自身的增信能力有待增强，社会资本方在参与过程中又缺乏增信意愿，运营期各现金流存在不确定性也无法满足现有的增信情况。

（3）增信能力、渠道优劣性和项目特质等因素对融资渠道的假设分析

本书通过实证分析的方式对PPP项目融资渠道因素进行验证，其影响因素主要是增信能力、渠道优劣性和项目特质因素。由表5-17可知，路径系数分别为0.52、0.253、1.795，通过系数对比发现，项目自身的增信能力和项目特质对PPP项目融资渠道的影响较大，这是由于PPP项目融资渠道面临择优选择的问题，而不同的融资渠道有各自的优缺点，需要为PPP项目匹配性价比最高的融资渠道，因此这样的结果正符合之前的假设。此外，项目特质对PPP项目融资渠道的路径系数为1.795，其影响最为显著，因为无论是市场供需环境的改变还是国家宏观政策对

贷款利率的调控都影响对不同融资渠道的选择。增信能力影响因素的因子载荷分别是0.999、1.044、0.97、0.992、1.027和1，可以看出前期的信用评价体系、建设期的贷款条件和运营期的贷款审批流程对融资渠道问题的影响最为显著，这是由于PPP项目的渠道的选择受国家信用评级体系的影响，国家宏观政策直接对金融机构的授信体系进行规范，增信措施有限且难以打开，信用评价体系直接影响PPP项目公司可获得融资的额度及方式。由于当前PPP项目融资渠道十分有限，仅有的几个渠道还面临着资金供给不足的风险，有些PPP项目由于自身无法产生现金流，可供其选择的融资渠道更是少之又少。此外，企业的自身实力也直接影响PPP债务融资渠道的选择。融资渠道问题的因子载荷分别是1、0.968、0.865、0.58、0.751和0.979。其中影响较大的指标有项目前期的融资难度、建设期的渠道利用度和运营期的渠道参与度。

（4）宏观环境因素和项目特质因素对融资成本的假设分析

全书通过实证分析的方式对PPP项目融资成本的影响因素进行验证，其影响因素主要是宏观环境因素和项目特质因素，两个指标对PPP项目融资成本的路径系数分别是0.711和0.11，通过对比分析宏观环境因素对PPP项目融资成本的影响最大，这是由于PPP项目的融资成本与成本动因直接相关，成本动因主要根据宏观环境变化而变化。宏观环境因素主要包括项目前期技术变革、政策多变性、市场多变性、银行贷款利率变化、外部条件多变性和风险分担政策，6个指标的路径系数分别为0.819、0.958、0.946、1.026、0.987和1，其中以政策多变性、银行贷款利率变化和风险分担政策影响较为显著。无论是市场供需环境的改变还是国家宏观政策对贷款利率的调控都影响不同融资渠道的选择及融资成本。贷款利率直接决定债务融资成本，从而影响PPP项目的债务融资。成本动因主要包括融资渠道的宽度、市场供需的变动、国家政策的变动。其中，国家的相关政策会决定银行的放贷利率，直接导致PPP项目的融资成本变动，从而影响PPP项目的融资。此外，影响PPP项目融资成本的因素还包括宏观环境中的市场供需关系以及风险分担情况，如果只有一种融资渠道可供选择，也容易导致过高的融资成本。融资成本问题的路径系数分别是1、1.018、1.204、1.037、0.883和1.209。其中项目前期的贷款成本是融资成本过高的直接原因，建设成本进一步增加了建设期债务融资需求，在项目运营期主要是融资结构影响债务融资成本。

第6章 完善SJ公司融资模式的对策建议

6.1 完善SJ公司资本金融资的对策建议

当PPP项目资本金融资模式调整时，SJ公司以自有资金替换产业基金和信托计划，设计出符合规范要求的表内融资模式。但是，在改用表内融资模式后，SJ公司将面临自有资金占用、PPP项目投资空间有限、经营活动现金净流量下降、资产负债率上升等负面影响，会在短期内影响自身的财务状况。同时，SJ公司又在部分PPP项目中引入财务投资人或其他投资方，设计出“SJ公司+政府+财务投资人”和“SJ公司+政府”的表外融资模式，导致资本金债务化和代持股问题趋于隐性，然而，SJ公司在PPP项目中仍然面临较高的合规风险。因此，SJ公司有必要采取下列措施，最大限度地改善PPP项目资本金融资模式变更所产生的负面影响。

6.1.1 发行永续债，降低自身资产负债率并提高项目投资潜力

由于PPP项目资本金必须是社会资本方的自有资金，自有资金的所

有权和使用权都属于社会资本方，通常由企业的权益资本构成。当SJ公司以自有资金替换产业基金后，需要将部分PPP项目公司纳入合并报表范围，会增加SJ公司自有资金的占用规模，降低SJ公司对PPP项目的投资潜力并推高自身的资产负债率。而永续债作为一种融资工具，当符合规定要求后，可以计入发行人的权益。因此，为满足PPP项目资本金融资的需求，避免触及国资委PPP业务的管控要求，SJ公司有必要针对存量PPP项目的资本金需求发行永续债，SJ公司成为永续债的发行方，可以最大限度地挖掘自身的投资潜力并降低资产负债率，最终缓解表内融资模式带来的负面影响。

6.1.1.1 SJ公司发行永续债的可行性

（1）国家政策出台支持政策

为拓宽项目资本金来源，缓解项目投资方的融资难题，进一步推动投资项目的发展，国发〔2019〕26号文指出，对于基础设施类投资项目，在符合会计制度的基础上，支持投资者发行股权型、权益类金融产品，规范筹集项目所需的资本金，但是筹措总额不允许超过项目资本金总规模的50%。而永续债则属于一种常见的权益类金融产品，《永续债相关会计处理的规定》（财会〔2019〕2号文）规定，当永续债发行人不存在强制支付现金或其他资产的义务时，说明永续债具备权益特征，发行人可以将其计入权益。只要永续债满足到期日、清偿顺序、利率跳升与间接义务三要素，就能够表明发行人不存在强制支付现金或其他资产的义务，此时可以将永续债确认为发行人的权益（见表6-1）。而PPP项目通常具备“公益性”特征，属于国发〔2019〕26号文规定的基础设施领域，因此，SJ公司可以在遵循会计制度的前提下，发行PPP项目永续债，这不仅顺应政策的发展要求，还能够优化自身的财务状况。

表6-1 永续债会计处理原则

要素	确认为权益的标准（三要素全部满足）
到期日	永续债无固定到期日且持有方无权要求清偿；或永续债存在初始到期日且发行方在行权日能够无条件自主决定展期
清偿顺序	清算时永续债劣后于发行方发行的普通债券和其他债务
利率跳升与间接义务	设置未来赎回日和利率跳升机制时，在跳升次数有限或者幅度较小、封顶利率未超过同期同行业同类型工具平均的利率水平情况下，通常不构成间接义务

资料来源：《永续债相关会计处理的规定》。

（2）SJ公司具备发行永续债的优势

永续债作为一种权益类金融工具，可划分出中票、企业债和公司债三类（见表6-2）。当发行这三类债券时，募资规模均不得高于发行方净资产的40%。其中，永续企业债还要求发行人近3年保持盈利，永续公司债则进一步要求债项评级达到AAA。中信证券的研究报告显示，截至2019年10月，我国永续企业债的发行规模已达2.09万亿元。其中，国有企业的永续债发行规模占比高达82.3%，永续中票的发行规模占比为70.81%[①]。而SJ公司是国有建筑施工类企业，具备企业AAA信用评级，2017年至2019年的财务报告显示，SJ公司的净利润已经由2017年的13.61亿元增长至2019年的15.41亿元，连续3年保持盈利。同时，SJ公司目前不存在存量债券，发行永续债具备较强的优势。

① 资料来源：明明债券研究团队.信用债专题报告——永续债：新格局、新定价、新趋势、新策略［EB/OL］.［2019-10-22］. http://finance.sina.com.cn/stock/stockzmt/2019-10-22/doc-iicezzrr4116876.shtml.

表6-2 不同类型永续债的发行条件

	永续中票	永续企业债	永续公司债
共性发行条件	募资规模不得高于发行方净资产的40%		
特性发行条件	无	近3年保持盈利	近3年保持盈利且债项评级达到AAA

6.1.1.2 SJ公司发行永续债的基本策略及效益预测

(1) SJ公司发行永续债的基本策略

①设计永续债的合同条款

SJ公司发行永续债应当以权益确认为基础，关注永续债合同条款的设计工作，确保SJ公司能够将筹集的永续债资金投向PPP项目资本金。如表6-3所示，参考已有的永续债案例，建议SJ公司设计永续债的债券赎回日条款、延期权条款、利息递延支付条款、强制付息条款、利息重置条款和偿付顺序条款，从而拥有债券的赎回选择权和延期选择权，并限制利率跳升幅度和次数，使永续债劣后于其他待偿还的债务融资工具，确保SJ公司不存在强制支付现金或其他资产的义务，使永续债能够顺利计入权益。

表6-3 SJ公司永续债合同条款的设计

条款	设定
赎回日条款	当永续债不存在约定的到期日时，SJ公司具备赎回选择权
延期权条款	当永续债存在约定的到期日时，SJ公司具备延期选择权
利息递延支付条款	SJ公司可自行选择递延支付利息
强制付息条款	当SJ公司向股东分红、减资、对偿付顺序劣后于永续债的债券进行兑付时，则不得递延付息
利息重置条款	每个重定价周期结束时重置一次票面利率，将票面利率调整为前期初始利率+300BP
偿付顺序条款	劣后于其他待偿还的债务融资工具

②设计永续债的产品要素

由于中期票据只存在发行规模的限制，债券的发行要求较低，建议SJ公司发行永续中票。同时，在债券发行规模方面，建议SJ公司以填补存量PPP项目的资本金缺口为设计目标，匹配SJ公司的PPP项目资本金待出资规模。相关数据显示，SJ公司在存量PPP项目中的项目资本金剩余出资额为39.3亿元，因此永续债发行规模可设定为39.3亿元，发行规模未超过SJ公司净资产的40%。此外，在债券期限方面，中信证券的研究报告显示，截至2019年10月，我国永续债发行期限以“3+N”和“5+N”为主，占比分别达到48.95%、48.73%，而永续债发行利率分布在4%~8%/年的区间内[①]。考虑PPP项目通常存在2至3年的建设期，项目进入运营期2年后才能够实施资产证券化，所以建议SJ公司将永续债的存续期限设置为“5+N”，不存在固定到期日。

③选择永续债的偿还时机

由于永续债存在利率重置条款，一旦利息重置后，SJ公司的融资成本将会大幅上升。因此，建议SJ公司定期归还永续债的利息，并在利率重置前归还本金。随后，SJ公司可以再次发行永续债，构建起持续循环的资金池，避免因开展PPP业务推高自身的资产负债率。

（2）SJ公司发行永续债的效益预测

根据附录2的数据可知，2019年SJ公司的总资产为676.51亿元，负债总额达539.77亿元，所有者权益总计136.73亿元，资产负债率为79.79%。如果以2019年的财务数据为基数，当发行39.3亿元永续债后，SJ公司的资产负债率将降至75.41%。同时，SJ公司的合并净资产上升至176.03亿元，SJ公司在PPP项目中的资本金投资总额占净资产的比例

① 资料来源：明明债券研究团队.信用债专题报告——永续债：新格局、新定价、新趋势、新策略［EB/OL］.［2019-10-22］. http://finance.sina.com.cn/stock/stockzmt/2019-10-22/doc-iicezzrr4116876.shtml.

也将由54.9%降至42.64%。此外，SJ公司22个PPP项目修正后的自有资金内部财务报酬率（MIRR）处于11.95%~21.72%/年的区间内，再投资报酬率被设定为12%/年，高于永续债4%~8%/年的发行利率，能够覆盖发行成本，PPP项目能够产生效益。

由此可见，当SJ公司发行永续债后，能够降低自身的资产负债率，提升SJ公司对PPP项目的投资潜力，还可以结余同等规模的自有资金，提高SJ公司PPP项目的投资效率，进而有利于抵销PPP项目资本金融资模式变更所带来的负面影响，符合政策的监管要求。

6.1.2　开展PPP项目资产证券化，减少自有资金占用规模

在PPP项目资本金融资模式变更时，SJ公司曾以自有资金替换产业基金和信托计划，在项目公司沉淀大量资金，将会削弱PPP项目的投资效率和效益。因此，SJ公司有必要从自身出发，作为资产证券化产品的发行人，在PPP项目运营期开展资产证券化工作，从而盘活沉淀在PPP项目中的存量资产，最大限度地缓解PPP项目资本金融资模式变更所产生的负面影响。

6.1.2.1　SJ公司开展PPP项目资产证券化的可行性

（1）国家政策支持PPP项目资产证券化

为提高社会资本方的投资效率，提升社会资本方参与PPP项目的积极性，国家发改委、财政部和证券交易所曾多次发布PPP项目资产证券化政策。如表6-4所示，国家发改委于2016年发布发改投资〔2016〕2698号文，首次将运营2年以上的PPP项目纳入资产证券化范围。随后，财政部明确PPP项目资产证券化的标的资产，对社会资本方的股权资产证券化比例做出要求。而证券交易所进一步对PPP项目的标的资产进行限制，要求标的资产必须在资产证券化前解除抵押和质押，不允许

在资产证券化后改变项目公司的控制权。由此可见，国家在推动PPP项目资产证券化，只要符合政策的要求，SJ公司就可以开展PPP项目资产证券化。

表6-4 PPP项目资产证券化政策

政策名称	政策编号	政策内容
关于推进传统基础设施领域政府和PPP项目资产证券化相关工作的通知	发改投资〔2016〕2698号	将现金流稳定且进入有效运营2年以上的PPP项目纳入资产证券化范围
关于规范开展政府和社会资本合作项目资产证券化有关事宜的通知	财金〔2017〕55号	鼓励社会资本方盘活股权资产和其他资产，具体可在PPP项目运营2年后，以具备现金流的股权作为标的资产，开展资产证券化。但是，中小股东的资金募集规模不允许高于股权未来现金流现值的70%，控股股东的资金募集规模则不允许高于股权未来现金流现值的50%
PPP项目资产支持证券挂牌条件确认指南	上交所、深交所〔2017〕	当PPP项目收益权存在质押时，必须在资产证券化前解除相关质押；当控股股东以PPP项目股权为标的资产时，不能因资产证券化产品的发行而改变项目的运营责任和项目公司的控制权

资料来源：财政部、国家发改委和证券交易所官网。

（2）SJ公司拥有合适的标的资产

当开展PPP项目资产证券化时，SJ公司必须要拥有存在未来现金流量的标的资产。而SJ公司作为项目公司的股东，拥有项目公司的股权及其收益权，能够获取股息分红，股息分红与项目公司的利润密切相关。《公司法》第四条规定，股东不仅具备组建管理层和做出决策的权利，还拥有资产收益的权利。其中，组建管理层和做出决策属于股东的身份权，而资产收益则被定义为股东的财产权。股权收益权作为股东的财产性权利，以项目公司的净收入为基础，具备未来现金流，当SJ公司转让股权收益权时，项目公司依旧维持原有的股权结构。因此，只要PPP项目不存在资产质押，SJ公司就可以在项目进入运营期2年后，以股权收益权为标的资产，开展PPP项目资产证券化。由此可见，SJ公司拥有合适的标的资产，具备PPP项目资产证券化的基础条件，能够成为PPP项目资产证券化产品的发行人。

6.1.2.2 SJ公司PPP项目资产证券化的基本思路

从SJ公司PPP项目的基本运作情况来看，由于PPP项目投资规模较大，项目公司不仅需要社会资本方投入的项目资本金，还需要将PPP项目未来的收益权质押给商业银行，获取大量银行贷款，而证券交易所要求PPP项目的标的资产不得存在抵押和质押。因此，为顺利开展PPP项目资产证券化，SJ公司可以代项目公司归还银行借款，成为项目公司的债权人，获取相应的债权，将股权收益权和债权作为标的资产，发行“股权收益权+债权”的资产证券化产品。

如图6-1所示，首先，由SJ公司向PPP项目公司提供过桥贷款，用于偿还项目公司的银行贷款，解除项目公司向商业银行提供的应收款质押权，形成SJ公司对项目公司的债权。然后，SJ公司与信托公司签署信托合同，将拥有的项目公司股权收益权和债权让渡给信托公司，信托公司设立财产权信托，SJ公司获取信托收益权。接着，SJ公司与证券公司合作，将信托收益分配权转让给资产支持专项计划，并将资产支持专项计划划分为A级、B级。其中，A级证券以SJ公司持有的项目公司债权为基础资产，以项目收费权质押，项目公司担任该证券的差额支付人，承担差额补足责任。由于资产支持专项计划属于标准化产品，风险低于银行贷款，建议SJ公司与项目公司原债权银行协商，由银行平移持有，还本付息方式和收益率与原贷款设置一致，也有利于降低银行的风险资本占比。B级证券以SJ公司的股权收益权为标的，SJ公司将在约定的期限内回购B级证券，由证券公司向合格的投资者销售。此时，SJ公司能够盘活账面存量的PPP项目股权投资资产，提前回收部分投出的PPP项目资本金，优化新增PPP项目的投资安排，从而提高SJ公司的投资效率和效益。

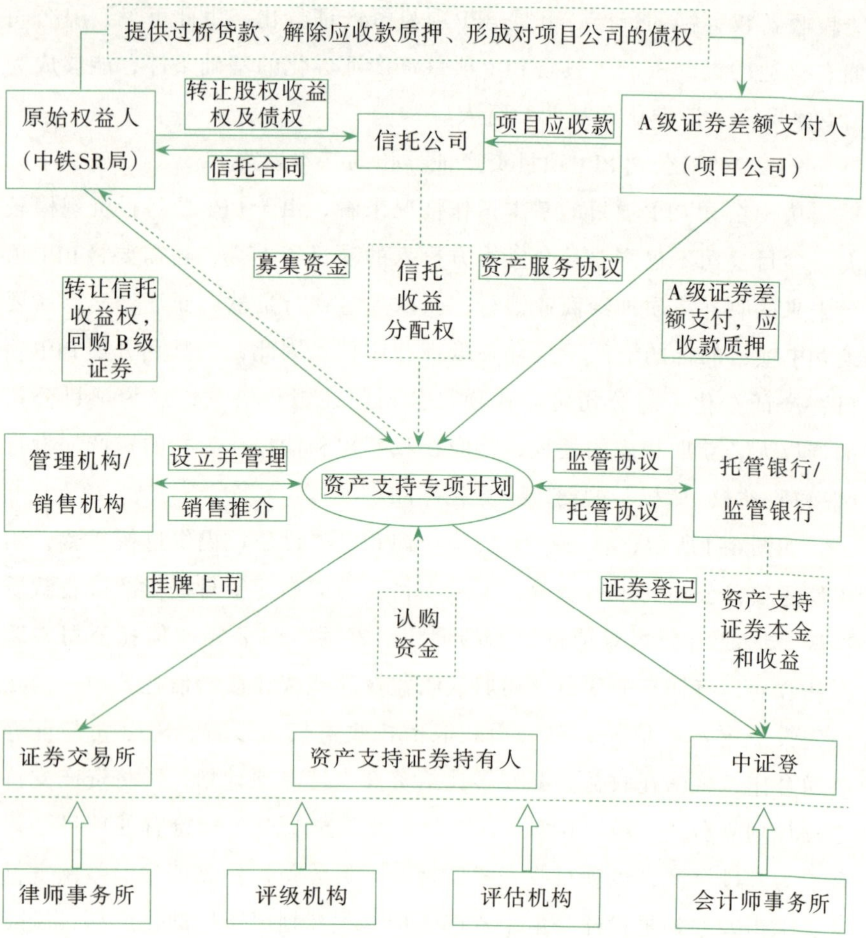

图6-1 SJ公司PPP项目资产证券化的运作思路

6.1.2.3 SJ公司PPP项目资产证券化的具体案例应用及效益预测

由于不同PPP项目的合作期限和现金流量存在一定的差异，当PPP项目进入运营期2年后，社会资本方才可以实施资产证券化。在此背景下，SJ公司只能针对单个PPP项目发行资产证券化产品。而A项目已经于2017年12月正式运营，是SJ公司首个进入运营期的PPP项目，2020年将满足资产证券化要求。因此，为证明PPP项目资产证券化的具体效益，本节以A项目为例，以2020年为资产证券化产品发行年，设计SJ公司PPP项目“股权收益权+债权”证券化产品。

（1）SJ公司A项目资产证券化产品的设计

①前期设计准备

附录2的数据显示，2019年A项目公司的长期借款余额为7.2975亿元。而根据附录4中的现金流量测算可知，2019年项目公司计划偿还借款本金8 347万元，预计2020年长期借款余额为6.4628亿元。在资产证券化产品设计前，由SJ公司代替项目公司偿还银行6.4628亿元贷款，解除项目公司向银行提供的应收款质押权，形成SJ公司对项目公司的债权。然后，SJ公司将持有的债权和股权收益权设立财产权信托，获取信托收益权，以信托收益权为标的设立资产支持专项计划，项目公司将应收款质押给专项计划。而资产支持专项计划包括产品要素和现金流量两部分，需要分别进行设计。

②产品要素设计

在产品要素设计中，将专项计划分为A级证券和B级证券（见表6-5）。其中A级证券对应SJ公司持有的项目公司债权总额，发行规模为6.4628亿元。由于专项计划属于标准化产品，风险低于银行贷款，建议SJ公司与项目公司原债权人银行协商，由银行平移持有，还本付息方式和收益率与原贷款设置一致，也有利于降低银行的风险资本占比。B级证券则对应SJ公司拥有的项目公司股权收益权，由于控股股东资产证券化产品发行规模不得超过股权带来现金流现值的50%，但是未明确具体的折现率。因此，在附录4中，SJ公司以5年期银行贷款基准利率为折现率，测算出A项目的所得税后净现金流现值为1.7304亿元。假定将B级证券的发行规模设置为0.8652亿元，由证券公司向合格投资者出售，产品期限为7年，按年付息并到期还本。在发行利率方面，联合信用评级公司的数据显示，截至2018年12月31日，国内已发行12单PPP资产证券化产品，发行利率介于3.7%～7.5%/年的区间内，其中利率7%/年及以下的产品发行数量占比达到91.67%[①]。本节在此不设定具体的发行利率，参考存量PPP项目资产证券化的发行利率情况，仅设置3.7%~7.5%/年的利率区间，开展相应的测试工作。此外，在项目增信方面，项目公司将为A级证券的本息兑付提供差额支持。同时，建议SJ公司引入母公司，为A项目债权和股权收益权资产证券化担保，从而降低资产证券化融资成本，提高证券化产品的安全性。

表6-5　　A项目股权收益权及债权证券化产品要素

原始权益人	SJ公司	
产品总规模	7.328亿元	
证券分类	A级证券	B级证券
分类规模	6.4628亿元	0.8652亿元
产品期限	7年	7年
还本付息方式	每年还本付息	每年付息，到期一次性还本
还本付息来源	项目公司运营净收入	项目公司运营净收入
发行利率	4.9%/年	3.7%~7.5%/年
目标投资者	由原债权人平移持有	向合格投资者出售
增信措施	分级安排、差额支付承诺、现金流超额覆盖	

① 资料来源：PPP资产证券化专题，http://www.chinabond.com.cn/jsp/searchEngine/searchResultPage.jsp.

③现金流量设计

资产支持专项计划的核心在于基础资产的现金净流量能否覆盖证券的本息回报，根据上述产品要素的设计情况，需要进一步设计资产支持专项计划的现金流。在基础资产现金净流量方面，SJ公司A项目“股权收益权+债权”证券化产品以项目公司运营净收入为还本付息来源，当资产证券化产品发行时，将不存在原有的银行借款本金偿还和借款利息支付，项目的基础资产回款由第1年的15 764.53万元增长到第7年的19 682.38万元。因此，结合附录4的数据，测算出SJ公司A项目“股权收益权+债权”证券化产品现金流量表（见表6-6）。在本息回报方面，A级证券与原贷款一致，需要按年还本付息；B级证券则按年付息，到期归还本金。当B级证券发行利率处于3.7%~7.5%/年的区间时，前6年SJ公司A项目“股权收益权+债权”证券化产品每年基础资产预测回款金额对证券的覆盖倍数都稳定在1.2以上，由于第7年需要归还B级证券本金，导致基础资产预测回款金额对证券的覆盖倍数降低，但仍高于1，能够实现产品现金流的超额覆盖，可以偿还投资者的本金及利息，确保产品的安全性。

（2）SJ公司A项目资产证券化的效益预测

在发行利率处于3.7%~7.5%/年的区间内，假定不考虑发行费用，以附录4的数据为基础，进一步测算出SJ公司发行“股权收益权+债权”证券化产品后的A项目自有资金现金流量表。当发行利率设置为7.5%/年时，SJ公司A项目自有资金的IRR和MIRR预计分别达到22.83%、16.83%（见表6-7和表6-8）。当发行利率为3.7%/年时，自有资金的IRR则高达23.81%，MIRR预计将升至17.29%。而未发行“股权收益权+债权”证券化产品时，自有资金的IRR和MIRR分别为20.18%、16.44%。同时，SJ公司能够在项目运营期第3年盘活0.8652亿元PPP项目资本金，缩短自有资金的投资回收期。由此可见，当SJ公司针对A项目开展资产证券化后，能够提升自有资金的投资回报率，盘活存量资产，降低自有资金的占用规模，有利于提高项目的投资效率和效益。

表 6-6　A项目“股权收益权+债权”证券化产品现金流量表　单位：万元

	第1年	第2年	第3年	第4年	第5年	第6年	第7年
基础资产回款	15 764.53	16 549.20	16 892.76	16 473.26	17 126.26	17 815.83	19 682.38
A1期本金	8 551						
A2期本金		8 872					
A3期本金			9 034				
A4期本金				9 233			
A5期本金					9 486		
A6期本金						9 724	
A7期本金							9 728
B级本金							8 652
A级证券利息支出	3 166.77	2 747.77	2 313.05	1 870.38	1 417.96	953.15	476.67
B级证券利息支出（I=7.5%）	648.9	648.9	648.9	648.9	648.9	648.9	648.9
现金流出合计（I=7.5%）	12 366.67	12 268.67	11 995.95	11 752.28	11 552.86	11 326.05	19 505.57
覆盖倍数（I=7.5%）	1.27	1.35	1.41	1.40	1.48	1.57	1.01
B级证券利息支出（I=3.7%）	320.12	320.12	320.12	320.12	320.12	320.12	320.12
现金流出合计（I=3.7%）	12 037.89	11 939.89	11 667.17	11 423.5	11 224.08	10 997.27	19 176.79
覆盖倍数（I=3.7%）	1.31	1.39	1.45	1.44	1.53	1.62	1.03

表6-7　B级证券利息为7.5%/年时SJ公司A项目的自有资金现金流量测算表

金额单位：万元

序号	项目	合计	建设期	运营期								
			2017年	2018年	2019年	2020年	2021年	2022年	2023年	2024年	2025年	2026年
1	现金流入	166 545.02	8 554.35	10 014.98	16 119.66	16 001.83	16 786.50	17 617.91	18 500.52	19 437.66	20 432.69	23 078.92
2	现金流出	131 524.46	23 072.70	12 514.53	12 160.08	3 951.97	12 505.97	12 233.25	11 989.58	11 790.16	11 563.35	19 742.87
2.1	项目资本金	21 000.00	21 000.00	0.00	0.00	−8 652.00	0.00	0.00	0.00	0.00	0.00	8 652.00
2.2	B级证券利息支付	4 542.30	0.00	0.00	0.00	648.90	648.90	648.90	648.90	648.90	648.90	648.90
2.3	借款本金偿还	16 642.00	0.00	8 295.00	8 347.00	0.00	0.00	0.00	0.00	0.00	0.00	0.00
2.4	借款利息支付（i=4.9%）	9 630.71	2 072.70	3 982.23	3 575.78	0.00	0.00	0.00	0.00	0.00	0.00	0.00
2.5	A级证券本金偿还	64 628.00	0.00	0.00	0.00	8 551.00	8 872.00	9 034.00	9 233.00	9 486.00	9 724.00	9 728.00
2.6	A级证券利息支付	12 945.75	0.00	0.00	0.00	3 166.77	2 747.77	2 313.05	1 870.38	1 417.96	953.15	476.67
2.7	运营维护费	2 012.85	0.00	223.65	223.65	223.65	223.65	223.65	223.65	223.65	223.65	223.65
2.8	运营维护费进项税额	122.85	0.00	13.65	13.65	13.65	13.65	13.65	13.65	13.65	13.65	13.65
3	所得税前净现金流量	35 020.56	−14 518.35	−2 499.55	3 959.58	12 049.86	4 280.53	5 384.66	6 510.94	7 647.50	8 869.34	3 336.05
4	所得税	8 755.14	0.00	0.00	0.00	0.00	818.02	1 346.16	1 627.73	1 911.88	2 217.33	834.01
5	所得税后净现金流量	26 265.42	−14 518.35	−2 499.55	3 959.58	12 049.86	3 462.51	4 038.49	4 883.20	5 735.63	6 652.00	2 502.04
6	IRR	22.83%										
7	MIRR（r=12%）	16.83%										

注：r为再投资报酬率，i为银行贷款利率。

表 6-8　　B级证券利息为3.7%/年时SJ公司A项目的自有资金现金流量测算表　　金额单位：万元

序号	项目	合计	建设期	运营期								
			2017年	2018年	2019年	2020年	2021年	2022年	2023年	2024年	2025年	2026年
1	现金流入	166 545.02	8 554.35	10 014.98	16 119.66	16 001.83	16 786.50	17 617.91	18 500.52	19 437.66	20 432.69	23 078.92
2	现金流出	129 223.00	23 072.70	12 514.53	12 160.08	3 623.19	12 177.19	11 904.47	11 660.80	11 461.38	11 234.57	19 414.09
2.1	项目资本金	21 000.00	21 000.00	0.00	0.00	−8 652.00	0.00	0.00	0.00	0.00	0.00	8 652.00
2.2	B级证券利息支付	2 240.84	0.00	0.00	0.00	320.12	320.12	320.12	320.12	320.12	320.12	320.12
2.3	借款本金偿还	16 642.00	0.00	8 295.00	8 347.00	0.00	0.00	0.00	0.00	0.00	0.00	0.00
2.4	借款利息支付（i=4.9%）	9 630.71	2 072.70	3 982.23	3 575.78	0.00	0.00	0.00	0.00	0.00	0.00	0.00
2.5	A级证券本金偿还	64 628.00	0.00	0.00	0.00	8 551.00	8 872.00	9 034.00	9 233.00	9 486.00	9 724.00	9 728.00
2.6	A级证券利息支付	12 945.75	0.00	0.00	0.00	3 166.77	2 747.77	2 313.05	1 870.38	1 417.96	953.15	476.67
2.7	运营维护费	2 012.85	0.00	223.65	223.65	223.65	223.65	223.65	223.65	223.65	223.65	223.65
2.8	运营维护费进项税额	122.85	0.00	13.65	13.65	13.65	13.65	13.65	13.65	13.65	13.65	13.65
3	所得税前净现金流量	37 322.02	−14 518.35	−2 499.55	3 959.58	12 378.64	4 609.31	5 713.44	6 839.72	7 976.28	9 198.12	3 664.83
4	所得税	9 330.51	0.00	0.00	0.00	0.00	982.41	1 428.36	1 709.93	1 994.07	2 299.53	916.21
5	所得税后净现金流量	27 991.51	−14 518.35	−2 499.55	3 959.58	12 378.64	3 626.90	4 285.08	5 129.79	5 982.21	6 898.59	2 748.62
6	IRR	23.81%										
7	MIRR（r=12%）	17.29%										

注：r为再投资报酬率，i为银行贷款利率。

如果SJ公司将资产证券化的范围进一步拓宽至存量的PPP项目时，当PPP项目进入运营期2年后发行“股权收益权+债权”证券化产品，将能够有效降低自有资金的占用规模，实现PPP项目资本金的再融资，缓解PPP项目资本金融资模式变更所产生的负面影响。

6.1.3 SJ公司进一步规范资本金融资模式，规避PPP项目合规风险

当PPP项目资本金融资模式变更后，SJ公司形成了“SJ公司+政府+财务投资人”和“SJ公司+政府”的表外融资模式，导致资本金债务化问题和代持股现象趋于隐蔽，SJ公司在PPP项目运作方面仍然存在较高的合规风险。因此，为减轻PPP项目资本金融资模式变更的影响，SJ公司有必要进一步规范变更后的PPP项目资本金融资模式。

6.1.3.1 向财务投资人分享施工和运营任务，将其转变为战略投资者

当PPP项目资本金融资模式变更时，SJ公司在L项目中引入L城建，由其作为财务投资人，取代原有的产业基金，形成“SJ公司+政府+财务投资人”的表外融资模式，导致“代持股”问题趋于隐蔽。但是，L城建作为建筑施工企业，具备施工能力和业务范围内的运营能力，能够参与PPP项目的建设和运营工作。因此，为规避代持股问题，SJ公司可以与财务投资人进行协商，不再向财务投资人支付费用，转而向其分享PPP项目的施工和运营任务（如图6-2所示）。当SJ公司与财务投资人分享PPP项目的施工和运营任务后，财务投资人能够负责PPP项目公司的部分业务活动，获取施工利润、运营回报和股利分红，进而影响自身的可变回报。此时，财务投资人将充分参与PPP项目公司的经营管理活动，转变为PPP项目的战略投资者，拥有PPP项目公司的部分控制权，能够与SJ公司共同控制项目公司，形成“SJ公司+政府+

战略投资者”的表外融资模式，在规范运作的基础上实现SJ公司PPP项目表外运作的现实需求。此后，SJ公司还可以在运营期以项目公司中小股东的身份开展PPP项目资产证券化，进而盘活存量资产。

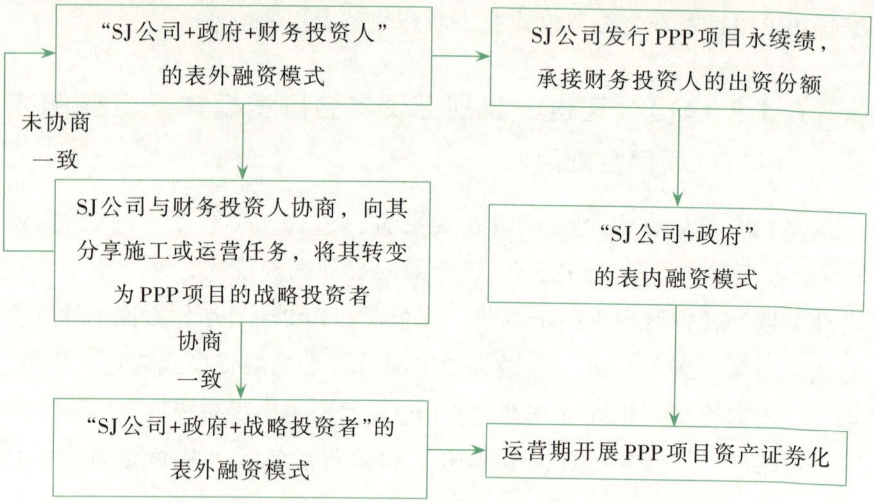

图6-2 “SJ公司+政府+财务投资人”模式的规范路径

如果SJ公司未与财务投资人协商一致，SJ公司就需要发行PPP项目永续债，筹集必要的资金，承接财务投资人在PPP项目公司中的出资份额，将“SJ公司+政府+财务投资人”的表外融资模式转变为“SJ公司+政府”的表内融资模式，并在运营期开展PPP项目资产证券化。

6.1.3.2 引入PPP项目战略投资者

与财务投资人相比，战略投资者强调合作的长期性，表现出持股数量较多、参与公司治理、追求长期利益的特征。国资发财管〔2017〕192号文要求央企根据PPP项目的属性及运作要求，引入各类协同度高、互补性强的战略投资者，共同参与PPP项目资本金融资。因此，SJ公司可以积极引入以下PPP项目战略投资者，进一步规范“SJ公司+政府+财务投资人”的表外融资模式。

（1）引入PPP项目运营商

从生命周期的视角出发，PPP项目主要存在投资开发、建设、运营等阶段，当处于不同阶段时，社会资本方需要具备相应的专业能力。目前，SJ公司在市政、铁路、公路和建筑领域具备特级资质和甲级设计资质，能够负责投资开发期和建设期的工作。具体到PPP项目的运营期，SJ公司在交通运输、建筑和部分市政工程方面具备相应的维护能力，但是在涉及自来水、污水处理、体育、港口、综合管廊等项目时，SJ公司则缺乏专业的运营维护资质。因此，为规范“SJ公司+政府+财务投资人”的表外融资模式，SJ公司可以与政府协商，引入专业的运营商，将整个项目的运营维护工作承包给运营商，使运营商能够主导PPP项目的运营期，拥有PPP项目公司的部分控制权（如图6-3所示）。通过引入PPP项目运营商，将“SJ公司+政府+财务投资人”转变为“SJ公司+政府+战略投资者”的表外融资模式，不仅能够降低SJ公司PPP项目资本金的出资规模，还能够合理界定SJ公司合并报表的范围，避免资本金债务化问题。

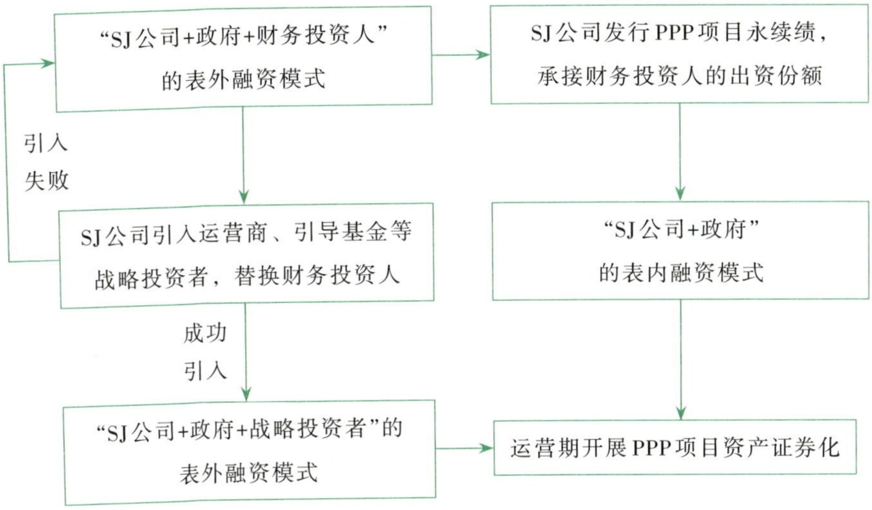

图6-3 “SJ公司+政府+财务投资人”模式的规范路径

（2）引入PPP政府引导基金

PPP引导基金是由各级政府批准，与社会力量合作成立的，用于支持PPP项目的市场化基金。其中，财政部曾牵头成立规模超千亿元的政企合作投资基金，随后各级地方政府陆续设立PPP引导基金。但是在实际投资过程中，以政企合作投资基金为代表的PPP引导基金过于注重资金的安全性和收益性，出现了投资懈怠的问题。为此，《关于加强中国政企合作投资基金管理的通知》（财金函〔2018〕95号文）和财金〔2019〕10号文要求中国政企合作投资基金加快投资审批和资金划拨进度，加大项目股权投资力度，尽快充实项目储备，拓宽项目资本金来源。此后，中国政企合作投资基金等PPP引导基金开展变更工作，截至2020年7月底，政企合作投资基金已拨款项目98个，涉及项目投资总额超过8 500亿元[①]，较2018年11月拨款项目增加43个，涉及项目投资总额增长86%。按照财金函〔2018〕95号文的要求，目前中国政企合作投资基金只能按照同股同权方式进行投资，作为PPP项目的战略投资者，需要参与项目公司的管理活动。因此，如图6-3所示，SJ公司可以针对中国政企合作投资基金的投资理念，与中国政企合作投资基金协商合作，有利于SJ公司在规范的基础上实现PPP项目表外运作的现实需求。

6.2 针对PPP项目债务融资风险问题的对策建议

针对PPP项目现状及问题，SJ公司应集中精力解决存量PPP项目全生命周期债务融资问题。已中标项目债务融资迟迟不能落地，相关风险积聚，增信措施不足、融资渠道过于单一化、融资成本过高等问题不妥善解决，势必积重难返。因此对于存量项目，应集中精力梳理存在的问

① 资料来源：中国PPP基金官网，http://www.cpppf.org/investment/index_22.html.

题，认真分析原因，拟定应对策略，一项一策，集全公司之力妥善解决。

6.2.1 项目全生命周期的对策建议

6.2.1.1　项目前期融资风险问题的对策

（1）有效缓解政策风险

针对项目前期政策风险问题，全书从政府角度提出强化政策支持，从SJ公司角度提出推进PPP项目规范化向现行政策看齐。

从政府角度考虑：①政府应当加快职能转型，在特许经营的领域，尽快制定民间资本加入PPP项目的建设和运营的相关办法。②政府应完善PPP相关法律法规，明确政府、金融机构和各界社会资本方等各参与方的相关责任与义务，加强防范金融机构出现政策性融资结构调整的风险，如税收政策、政府领导的更换、地方政策的调整等相关因素，政府应当主动承担。

从SJ公司角度考虑，SJ公司应重点关注全国PPP综合信息平台，优先考虑对存量项目的选择，谨慎参与政府付费类项目。对于以下项目，应严格落实新项目的入库标准：①政府对公共服务领域以外的领域不承担义务，对于影响国家重大公共利益和安全的项目不适合采用PPP模式。②对于没有按照标准进行立项审批的改扩建项目，存在转移国有资产的、国有资产相关评估和审批手续不到位的、对物有所值评价不到位的以及前期关于财政承受能力准备不充分的项目不适合采用PPP模式。③对于未建立付费机制，无法挂钩产出绩效，只能采用可行性缺口或政府付费方式的；在合作期内未连续支付政府付费和缺口补助使得支出压力大的；对于未完善按效付费机制的；对于建设成本无法融入绩效考核，且考核结果占30%不到，政府的支出责任被固化的，均应该对新项目的入库标准严格管理。

（2）加强合规性管理

SJ公司应确保目前在库PPP项目的手续合规。

首先，入库项目需要政府完成“两评一案”的批复，招投标手续合规，确保本项目的政府支出责任纳入中长期财政规划和年度预算。

其次，要保证项目资料的完整性，立项、工可、环评、规划、土地等行政许可必须合法齐全，并取得开工建设所需的全部批复文件。为确保PPP项目依法合规，需重点关注以下四个方面：①PPP项目是否被纳入综合平台库；②PPP项目的物有所值情况、方案实施和可以承受的财政能力等数据资料是否通过政府审批；③根据地方财政预算的相关管理办法，合同中是否详细规定了政府每年支付的情况和相关付费绩效；④政府付费的总金额是否能够覆盖银行借款本息。

最后，SJ公司加强合规性管理应重点关注集中清理入库项目，对此：①没有按规定实施“两个评估”的PPP项目，即无法实施物有所值评估，或者无法实施财政承受能力评价，但是已经处于采购阶段；虽然已实施物有所值评估，或者实施财政承受能力评价，但相关评估方法和评估程序不满足要求的；②不适合使用PPP模式的项目：项目所属政府的财政承受能力在年度内已经达到10%上限，年度内的进展得不到实质性进步的，项目的实施机构已经明确进行书面确认不适合使用PPP模式的；③项目实施过程中，项目债务融资未按照要求落实，项目资本金未按照要求足额缴纳，合同中的条款存在歧视性、不符合规范拿债务资金当资本金的PPP项目；④对于PPP项目以下运营过程举债担保存在违法违规的情况，兜底本金存在损失的，政府明确承诺有固定回报的，政府为PPP项目债务融资提供担保等情况存在违法违规的，均必须集中清理。

6.2.1.2　建设期融资风险问题的对策

（1）合理降低信用风险

SJ公司应根据风险偏好和项目特质提高PPP项目整体的收益水平，及时地降低项目相关的信贷风险。

首先，SJ公司应提高项目自身的资金力量，在与金融机构合作过程中，强化本公司的信用等级，合理优化本公司PPP项目并表和出表事项，对相关财务指标等“硬信息”进行优化，与金融机构达成有效的合作关系，旨在发展为良好的大型PPP项目建设类企业。

其次，在审核和筛选PPP项目的时候，SJ公司应全面核实企业的经营成果，完善内控结构，优化社会评价相关“软实力”，优先选择符合民生且需求性比较强的PPP项目，着重要求运营期现金流的稳定和收益率的提高，以满足相关风险在建设期能实现对冲。

再次，从SJ公司下属PPP项目公司考虑，PPP项目应提高自身实力，争取被选入示范项目库，要求符合银保监会等机构的四类规定，优先考虑收入无法覆盖成本的项目，或者具备合理收益但因为社会效益比较好使得政府给予相应补贴的PPP项目。

最后，从PPP项目建设区域角度考虑：SJ公司应将具备较强财政实力与建设需求较大的城市作为PPP项目重点发展的地点；同时，合理优化PPP框架，通过创新融资产品提高项目融资力度，通过上下游相关供应商和管理单位来促使打开全新的贷款渠道，提高PPP项目的增信能力，降低信用风险。

（2）正确规避市场风险

市场需求变化风险主要考虑到宏观经济和法律法规变化对市场的影响，对市场需求的预测和实际情况存在差异从而产生风险。例如，2004年建成的山东中华发电项目，电力市场和电力市场的改革变化对运营期间的购电协议有比较大的影响。中华发电项目的上网电价为0.41元/度，而在2002年10月，随着菏泽电厂投入运营，山东省批复的电力价格是0.32元/度，使得中华发电厂无法正常运营。由于合同已经提前约束，山东电力必须用原本计划的电价购买目前5 500小时的电量，电价不同造成的差价必须由山东电力弥补。PPP模式的成败关键在于市场化运用操作，由于项目的建设周期过长，专业要求相对较高，涉及领域的广度大于一般模式，导致政策、市场和收入的变化不能被及时和准确预测，容易造成市场供需差异大和成本主体失控等恶性状况，甚至造成项目现金流不足及损失。针对市场风险，政府作为宏观层面的把控者，也应发挥监督的作用，努力把风险降到最低，并应借鉴西方国家和地区在此领域的宝贵经验，引领我国PPP项目向健康的路线发展。SJ公司作为市场的参与者，应积极主动开拓自身实力以适应市场变化，尽力使PPP业务得以稳步发展。

6.2.1.3 运营期融资风险问题的对策

（1）解决利益相关方违约风险

PPP项目的相关利益参与方众多，不仅有政府方和社会资本方，公众群体和一些金融机构也是PPP的利益相关方，这就使得各方的利益和关注点很难得到妥善协调。若利益相关者存在分歧并且无法做到协商过程的充分参与，就无法对PPP项目进行全面参与。例如，项目公司与SJ公司签署的PPP运维合同，运营质量需达到政府绩效考核要求，若因SJ公司的原因导致运维费用下降，SJ公司则需承担赔偿责任。目前政府仍认为，利益相关方公开协商难以取得成效、化解分歧，因而缺乏控制风险的措施。但是，这类风险一般可以通过充分沟通得到调节，充分沟通是PPP项目得以成功运行的重要指标，要想达到PPP项目各方共识，必须通过协商沟通来确保项目工作各个环节的有效实施，对此，本书提供了以下四条解决措施：①为了防止PPP项目增加风险，应加强对利益各方的沟通管理，进一步促进PPP项目顺利实施，避免延误风险。②明确利益各方对PPP项目可持续性的意义，提高公众参与度和支持度，降低项目实施风险。③在项目设计和实施的环节，提高利益各方的责任感，鼓励其发表建议，促进创新。④强调政府遵守承诺的重要性，强化信息披露管理，增强项目相关合作伙伴的信心。

（2）完善PPP项目风险分担机制

社会资本方应妥善设置风险分担机制，促成利益相关方根据实际情况合理分担风险。由于诸多不可预见情况，各种风险的存在不可避免，双方应根据自身情况主动承担能力范围内的风险。政府应做到为社会资本方提供有利条件，以弥补社会资本方因错失其他投资而增加的机会成本，双方共同合作，将风险降低到可承受的水平。SJ公司在风险分担问题上应做好以下几点：①梳理风险分类体系。SJ公司应按照PPP项目推进过程中出现的各种问题，将风险因素归纳为几大类别，其中包括政策风险、合规性风险、信用风险、市场风险、风险分担机制、利益相关方违约风险等。②明确风险的分担责任和流程。根据PPP项目的风险情况划分，可以通过采取相应措施来控制或分散项目的已有风险和潜在风险。但是，政府、企业和银行是PPP项目风险的主要分担者，应主动参与分担技术无法解决的风险，具体分担流程如图6-4所示。③分析风险属性。投资收益与风险是PPP项目运营的核心要素，SJ公司必须分清所要承担风险的基本情况，如果是政治、法律和社会等宏观风险，一般由政府的行政手段解决，如果是项目设计和实施等环节产生的风险，一般由社会资本方通过分享经验降低。而且，由于商业银行在信息分享和风险评估两个方面较有优势，可以有效解决风险收益不对称。

6.2.2　针对PPP项目全生命周期债务融资增信措施问题的对策建议

6.2.2.1　项目前期增信措施问题的对策

（1）有效控制增信主体错配

首先，财金〔2014〕113号等文件规定，项目公司和社会资本方负责项目融资具体情况，SJ公司作为社会资本方，应当主动配合最新的增信政策，以项目公司自身为担保的权益主体，而不该仅依靠金融机构对地方政府的信赖进行间接融资。国资委192号文规定，在PPP项目各

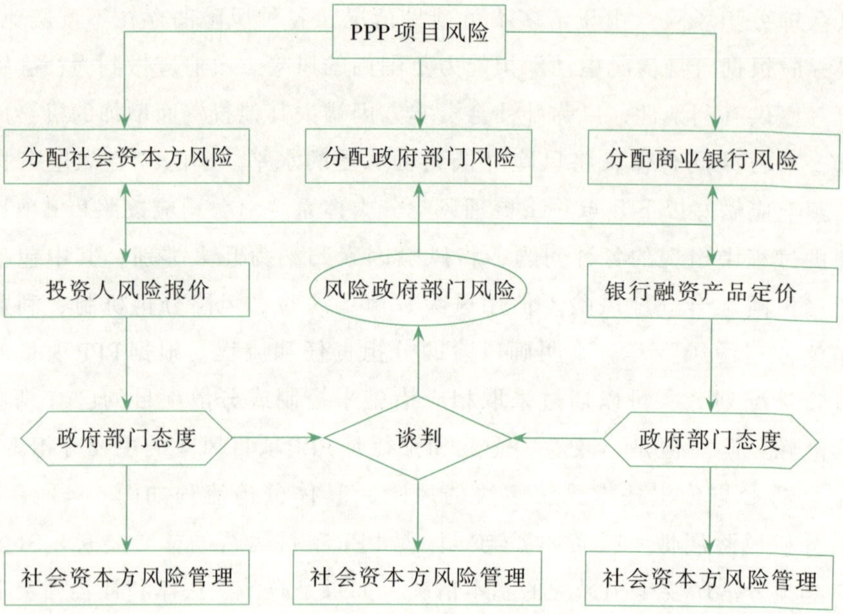

图6-4 PPP项目风险分担机制

个资本方合作过程中，某一方不应为其他方的股权投资提供担保或承诺收入，如果需要增加PPP项目的债务融资，原则上应该由项目本身的股权和资产进行投资。如果需要股东担保，则应该按照各股东的出资比例共同承担。

其次，完善PPP项目信息披露。以财务报表数据作为决策依据，建立定量的评价体系，取消定性的评价体系，降低政府部门主观臆断造成的投资失误。

最后，SJ公司可以通过把项目公司与相关合同进行一对一捆绑的方式来达到增信的效果。如果项目融资中存在最优长期合同的可能，则应当存在持续的最优合同，并且这份合同可以通过一系列短期合同来实现。随着产权、合同、规范和习俗等发生变化，形成新的一套体系，这样就可以加强组织的内部化，达到有效控制PPP项目公司增信主体错配的目的。

（2）提高项目增信能力

应该从SJ公司及其所属PPP项目两个层面着手提高PPP项目增信能力。①提高SJ公司在PPP项目债务融资过程中的增信能力。首先，SJ公司要关注PPP项目协议中不能有股东或者社会资本方提供流动性支持、差额补足和运营承诺等担保、兜底条款。协议中对上级公司、公司授信额度的连接条款，是否评判为隐性担保或增信。其次，SJ公司在使用质押权时，需要关注收益权质押范围，在没能实现全部债务融资计划的情况下，不得将全部收益权质押给单一银行。要关注质押形式，在多家银行参与的情况下，是按照央行要求顺位质押，还是按照份额比例质押，并考虑可操作性，同各银行妥善协商处理。②提高SJ公司所属PPP项目自身的增信能力。应根据SJ公司当地财政部门的要求，对PPP项目做预算编制，有效控制其第二还款来源。在项目贷款过程中，出于偿债风险的考虑，银行通常要求社会资本方在项目建设期内需要提供合法和有效的担保措施，保证项目有代偿能力。如果以上措施无法实施，也可以预期收益做贷款质押。一旦项目总投资超过了评估时的总投资，缺口资金不允许由相关银行贷款弥补，而需要以股东追加的方式解决。如果项目的债务融资需要增信，应由项目的自身权益和资产完成，保证各方股东的担保比例按照出资比例实现。

6.2.2.2 建设期增信措施问题的对策

（1）全面扩展增信方式

SJ公司应全面扩展增信方式，应对增信条件错配：

①扩大PPP项目债务融资和信用增级资源。确保不同的融资之间可以形成信用夹层（即形成次级债券、可转换债券、优先股以及认股权证的嵌套性融资结构），股东担保不再作为信贷增加的唯一条件，有效拓展PPP项目债务融资的信用增级。

②优化PPP项目的信用担保系统。政府作为PPP项目中的重要投资

方，应充分重视建设信用担保体系，与其他合作伙伴共同解决PPP项目债务融资的问题，同时制定相关解决对策，保证利益双方站在同一战线攻克难关。

③注重项目在生成初期完成结构融资增信。在PPP结构化融资中，政府公共资源的法定授信促使项目公司实现等级水平和信贷规模的提升。结构融资的夹层资本增信主要有以下三种信贷增信方式：一是政府提供担保形成政策增信，保证银行贷款债务转化PPP资产的比例；二是有限追索权利，与多边银行的商业担保组合联动，保证PPP债务融资在项目公司平台就能实现；三是增加股本扩张增信，保证项目发起人可以承担有限等额资产的风险责任。

（2）提高各投资方增信意愿

由于PPP项目具有风险损益平衡的特殊属性，只有当风险收益减去损失为正，产生风险溢价和经济剩余，PPP项目增信机制才能产生正向激励作用。为提高各投资方增信意愿，SJ公司必须着力防范和化解系统性风险，将其作为底线要求。主动将政府性债务的合理规模做到平衡，做到增信制度的合理构建，提高政府与社会资本方在合作期间的增信水平。首先，规划制度增信。在PPP制度的各个关键节点上，政府和社会组织通过运用市场机制保证规划制度增信资源有效利用。其次，进行能力增信。强调私人资本在PPP项目过程中，应该积极改进工作效率和合理控制成本，做到支出符合预算要求，确保经营与管理的潜力能被广泛挖掘。再次，进行授权增信。在PPP竞争中，只有胜出的SPV才可以得到政府的授权增加的信用力量。另外，考虑治理增信。关注SPV作为资本混合所有制的载体，将公司治理与专业化治理有机结合，完善信用资源的优化，创新制度红利，将项目公司与金融机构、投资主体和担保公司等组合的多元化资本放大信贷规模与规避投融资风险表现的能力。最后，合同增信。保证SPV与专业化承包商之间合同一体化，将双方的信用资源进一步优化组合。

6.2.2.3 运营期增信措施问题的对策

（1）优化增信流程

首先，强化战略合同增信。政府、企业、银行、保险和投资机构等应该签订PPP战略协议，通过弹性化协同机制，解决信息披露互动不及时问题和合同履约受到扰动产生的问题，规避合同执行造成的额外风险损失，以“先小人后君子”的意愿从民事层面解决问题。其次，注意不同合同的履约增信。只要存在合同履约，就存在利益冲突与行动强度的再平衡问题，明确合同不同的执行节点在衔接时的融通，将各种传统外部治理方式转化为一个内部契约治理方式，以达到增加PPP合同协调增信的目的。再次，强化一揽子合同在执行时的增信。由于PPP资产运营企业本质上是履约合同的一组集合体，利用公司治理方式执行PPP合同，将内部和专业化等重组，形成一个不同合同之间的利益捆绑。最后，学习跨期贴现增信，在PPP增信机制中构建投资跨期贴现的增信。优化平衡SPV协同政府和投资者的成本与收益关系，利用人们对风险厌恶的基本属性，保持收益的贴现水平大于损失的贴现水平。SPV投资者利用时间跨度效应优化增信，确保PPP资产的收入增加，通过延长时间提高项目在未来的贴现率，以弥补跨期风险造成的损失。

（2）保证未来现金流量

①提高运营期的现金流预测能力。在项目前期应做可行性研究，在项目执行阶段做到落实信息程度，帮助提高现金流在运营期的预测能力。PPP项目的还款保障主要是运营期间的未来收益，一旦未来现金流在运营期出现问题或者预测不准，PPP项目在运营期就再难有融资能力。PPP项目有静态和动态两大收益率指标，还有一些基本财务指标，各类指标有助于企业在遇到流动性陷阱时可以全身而退。PPP项目是否成功还受到社会资本方的资金情况和增信能力的影响，更受到企业的发展空间限制。

②提高PPP项目在运营期的资产证券化的信用增级。如将证券化资产授权给特殊项目法人，在资金蓄水池中，对特殊项目的基础性资产重组和分拆，提高项目的商业信用等级。由于在同一时间，同一笔资产不可以为了实现套利交易并获得风险溢价就采用不同的价格交易，该措施可以为发行有价债券取得有利的资金对价。另外，如果信贷配额出现刚性约束，政府、企业与资本市场关于PPP前景目标问题存在基本的信任契合，债务索取权与产权质押协同，可以帮助投资组合在资产证券化和一些流动性增强的结构化融资中加速分散风险。一般PPP项目是低收益率资产，其存在投资期长和风险不确定的特点，通过证券化可以将其转化为可公开交易和质量高的优质资产。

③一般情况下，不考虑第三方增信作用，项目本身的信用能力受到母公司信用水平的影响较大。尤其注意，项目的经营能力、相关财务实力和代偿能力的评估是PPP项目在信用风险分析中的核心关键。

6.2.3 针对PPP项目全生命周期债务融资渠道问题的对策建议

6.2.3.1 项目前期融资渠道问题的对策

（1）优化债务融资环境

①优化金融环境，尝试市场化融资。宏观政策的改变在一定程度上影响PPP的命运，金融环境的完善为PPP项目的发展提供方向。无论是外部层面的宏观环境还是内部层面的微观环节，都对商业银行的生存发展和商业贷款的获得起到至关重要的作用。由于我国经济环境的特殊性，PPP项目融资的发展不能完全靠市场模式，必须借助政府的导向功能。不过，我们必须意识到市场化和多元化的债务融资方式，更是政府在PPP项目财政投入不足后改善的有力手段。

②优化宏观政策环境。政府应当积极出台与PPP项目债务融资渠道相关的政策。通过引入券商和保险等其他金融组织，对PPP项目进行资源整合，提供社会资本方参与PPP项目的有利渠道。国家也需要提供一定的辅助平台，出台相关政策帮助PPP项目公司在债券市场完成资金募集，并且可以专门为民营投资机构设立一个民间担保机构，以进一步促进债券市场的发展，尤其是长期债券市场的发展，从而缓解社会资金参与PPP项目债务融资渠道狭窄的问题。

③确保存量投资的盘活和退出机制的完善，引入增资扩股和上市的方法，确保盘活PPP项目的资产和项目资金的收回，保证项目在资金运转上的有效循环。

（2）引入合理的渠道评估方法

①在PPP项目得到融资渠道最优化选择方面引入层次分析法。当前我国PPP项目的融资渠道比较狭窄，不同类型的PPP项目，其融资渠道存在不同的优劣性。不同标准下，最优融资渠道的选择结果也存在差异，很难从中选择更为合适的渠道。因此，引入相关渠道评估方法应用于选择PPP项目融资渠道的阶段，能在一定程度上缓解我国PPP项目债务融资渠道过窄的问题。层次分析法主要从定性和定量两个维度考虑，先定性后定量，计算各个指标之间的差异值，通过最优值的选择使PPP项目在最优融资渠道的筛选上不出现问题。

②保证资金来源的合法性和可靠性。针对融资数量，评估保证性；针对外资条件附加，评估可接受性；针对项目的所需具体资金，评估其保障性与周期匹配性；针对项目资本金，评估比例的有效性。明确各类借款在项目的金额比例和期限比例，保证资金在偿还次序方面合理安排，对利率结构做出明确规定，明确资金的筹资额。在筹资渠道选择上做到优化和合理化，把握资金的内部和外部在比例上达成共识。

6.2.3.2 建设期融资渠道问题的对策

（1）弱化贷款依赖程度

①明确贷款额度。首先，明确贷款总体额度。保证贷款总体额度不低于项目总体所需要的贷款金额，如果额度不足，必须有补救的相应机制。其次，明确额度条款约定。不应该在条款约定中承诺贷款承诺费，项目公司应该有权根据项目的实际需求，调整贷款在合同中的提款额度。最后，保证PPP协议和股东协议具备一致性，同时做到项目资本金额度与项目贷款额度在合同中的相关表述符合一致。

②延伸PPP项目贷款模式。如果是利润质量高，并能够稳定增长的PPP项目，可以提供无追索权和有限追索权的项目贷款，确保贷款做到低利率和长期限。

③发展PPP项目投贷合作模式。利用商业银行的投行力量，将投资基金引入PPP项目，满足其融资需求。一旦投行资金介入PPP项目，商业银行则需要转变为PPP项目的股东，将投行资金与贷款资金结合，是降低由规模贷款引起的信贷风险的有效方式。

④开拓PPP项目借道银行资金模式。商业银行的理财资金通过增资扩股的方式加入项目公司，机构投资人作为名义上的股东，通过直接股权转让的方式或者直接减资的方式退出资金，返回到银行的理财账户。

⑤对债务资金进行封闭运作。银行应该及时掌握PPP项目在运营期的经营情况，进行财务监督，保证监管账户的开立、监管协议的签署，实现专款专用。通过监管保证贷款资金的投入与支出平衡，将项目账户的相关信息及时向政府报备。

（2）拓宽债务融资渠道

①发展保险信托融资渠道。通过保险资金投入计划融资，利用保险资金和制订相应投资计划对项目债务融资进行完善。

②对接产业基金融资渠道。由建筑企业成立基金公司面向特定对象或社会公众进行资金募集。基金公司为普通合伙人，前者不参与基金管

理，但是能够对投资活动进行监督，承担一定风险，并享受优先分红的权利，后者负责进行基金的投资和运作，承担无限风险和损失。但是采用产业基金这种融资模式，也将导致企业在项目回购期退出股权时产生一些隐性负债。

③发行PPP项目专项债。其资金成本视债券评级而定，AA级以上年化融资成本为5%~7%，部分评级较高的融资成本仅为3%~4%，期限一般不超过项目存续期。其在建设期可与PPP项目资产证券化优势互补，打通PPP全生命周期融资，能有效降低PPP项目融资成本。但是，其审核流程较为烦琐，对项目主体要求较高，并且，其要求债券存续期内财政补贴占项目收入的比例合计不得超过50%，超过50%的项目无法发行。

④加固融资租赁渠道。一般不要求借款人自有资金与贷款资金的合理配比，审核流程也较为简单，程序相对简便。直接参与时，可覆盖全周期，间接参与时，多为3~5年。但是，其资金成本高达8%~10%，一般为同期银行利率的两倍左右，借款人对融资物也没有所有权，仅有使用权，可以作为一种融资补充。

⑤推出定向票据。发行期限集中在1年期、2~3年期，部分5年期。发行利率根据银行间市场资金面情况市场化定价，利率水平在4%~8%，多在5%左右。在定向投资者之间流通转让。发行程序主要分为项目启动阶段、材料制作阶段、注册阶段、发行阶段四个阶段。定向票据主要适用于成长性较高的中小企业。

⑥发行中期票据。实际发行期限中以3年、5年为主，不要求提供第三方担保，发行利率根据银行间市场资金面情况市场化定价，利率水平在4%~8%，多在5%左右。发行程序主要分为项目启动阶段、材料制作阶段、注册阶段、发行阶段四个阶段。中期票据主要适用于资产规模大、经营效益好的大型企业，是银行间债券市场的主要品种。

6.2.3.3 运营期融资渠道问题的对策

（1）降低渠道限制，充分利用商业银行进行债务融资

PPP是政府和社会资本方之间的一种长期合作关系，其资金需求量大、投资周期较长、收益有限、风险较高、退出渠道单一等特点与社会资本方所追求的短期高收益等投资特性存在矛盾，商业银行的金融功能决定其可能成为PPP项目落地的重要推动力量。

①推进商业银行的资源配置作用。由于受限于政府债务规模控制和政府融资平台业务的政策性限制，政府类优质项目对商业银行的放贷需求量相应地减少，推进商业银行以资源配置枢纽的角色参与到“PPP+B”模式之中，为PPP项目提供了可借力的信贷杠杆，政府通过引导信贷投向，能够有效发挥市场力量的作用，撬动社会资源进入PPP领域。

②开发商业银行价格发现功能。商业银行利用在大量信贷业务中积累的项目分析经验，充分发挥价格发现功能，审慎稳健地提供各类金融服务，助推PPP项目实现商业化运营。

③提升商业银行的风险分担作用。商业银行作为长期资金的主要供给方参与其中，其一揽子、全流程、定制化、高附加值综合金融解决方案在一定程度上分散了风险，使得PPP项目风险被政府部门、社会资本方和商业银行合理分担。

（2）优化渠道匹配度

①SJ公司在债务资金募集阶段将优先匹配长期对期资金，也可募集部分短期资金并滚动发行。项目公司需同意滚动发行期限，如项目公司资金不足，SJ公司需向项目公司提供资金支持，原则上期限不长于3个月。

②调整PPP贷款期限，对PPP项目周期做出调整。第一，关注贷款总期限条款，需和项目周期保持基本一致；第二，关注本金偿还频次，根据规定，中长期贷款原则上每年至少两次偿还本金；第三，关注宽限

期条款，原则上宽限期不得低于项目建设期，且须考虑项目建设进度适当延长宽限期；第四，关注展期条款，在协议中预留可展期的工作机制。推广延长贷款期限等差异化信贷政策，解决贷款产品与PPP项目在周期上不匹配导致的期限错配问题。

③发行可转换债券。若投资者不行使转换权利，可转换债券和普通债券一样。若投资者行使转换权利，公司的债权人就变成了公司股东，可参与企业的经营管理或享受公司分红。PPP项目一般会在建设期或经营前期产生账面亏损，这正是PPP模式与可转换债券相结合的基础。可转换债券是一个不错的匹配PPP项目长期资金需求的选择。

④采用永续债进行PPP项目的债务融资。企业可以通过发行永续债获得资金，并能自行选择是否将当期利息及已递延的所有利息推迟，同时不受递延支付利息次数限制。

⑤推动PPP资产证券化。针对经营项目和准经营项目，商业银行可以项目未来收益权或特许经营权为保证开展资产证券化，通过信托等通道，用表外资金购买PPP资产证券化产品，或者组织非银业务部门参与PPP资产证券化的产品设计和承销。另外，其可优化财务状况，可视为表外融资进而增强资产流动性，优化资产结构，存量资产可转化为可上市交易的标准化产品，实现资本流动，丰富社会资本的退出方式。

6.2.4 针对PPP项目全生命周期债务融资成本问题的对策建议

6.2.4.1 项目前期融资成本问题的对策

(1) 做好项目的选择，提高项目质量

首先，要做好项目的选择。要尽量以国家和省级的示范项目库为参考，重点关注环境保护、公共服务、政府基础设施建设、科教文卫建设方面的项目。这些项目相对而言具有隐性的兜底机制，因此使得项目正常运营的概率偏高，而由此可以产生稳定的一系列现金流以覆盖建设成本，容易获得资金。其次，完善企业的各项指标，充分发挥监管主体的监督职能，积极主动地接受监督。结合公司自身的特点和现状，在考核、监管以及激励方面进一步完善内部管理制度。再次，选择科学的评价指标和方法，构建科学完善的PPP内部控制评价体系以及有效的信息反馈机制，减少PPP项目债务融资过程中产生问题的频率。最后，提高PPP项目质量，降低PPP债务融资成本。①严格准入条件，提高项目质量。②建筑类中央企业参与PPP项目应符合主业投资的范畴。③坚持“事前算赢”原则，投资回报率原则上不应低于本企业相同或相近期限债务融资成本，本条是国资委192号文的刚性约束条款，其投资回报率的计算不得考虑建设期确认的施工利润。④认真评估PPP项目中合作各方的履约能力。

（2）提升财政能力评估

①PPP项目可以采取以资本市场为融资平台，以产权交易为纽带的多元化债务融资渠道。财政能力自身造血功能一般，土地出让收入占比偏高，存量地方政府债务逾期率偏高，财政履约能力存在隐患。从财政承受能力角度而言，具备开展PPP项目的条件，银行应结合地方政府的PPP项目经验，根据PPP合同的履约记录等，判断政府履约能力。在政府融资平台负债率和偿债率指标偏高的情况下，试推行部分优质项目信贷资金的证券化也是一个不错的选择，一方面可以缓解政府融资平台面临的巨大还款压力，另一方面也可以实现投资者共享政府投资收益的好处。

②尝试探索采用动态补贴机制的补偿方式来降低融资成本。

在提款方面，第一，关注提款条件，评估条件多寡以及可操作性，对于条件过多或经评估难以满足的条款，必须减少或删除。第二，关注提款方式，是一次性提款还是分期提款。第三，关注借款资金的支付方式，是自主支付还是受托支付，标准分别是多少，以及受托支付的流程和所需资料。第四，必须关注是否约定项目公司提出提款要求（用款计划）后，贷款银行必须按照合同约定的条件和期限放款的要求，以保证项目公司的资金需求及时得到满足。

在用款方面，第一，结合借款资金的支付方式和账户监管要求，关注用款计划约定，针对提报时间、所需资料等要求，结合项目实际评估能否及时满足，若不能满足，应修改相应条款。第二，关注用款计划动态调整的弹性机制，不得签署过于刚性的用款计划条款。

在还款方面，第一，不得设定提前还款违约条款，如提前还款支付违约金等。第二，还款计划应有弹性协商机制。

6.2.4.2　建设期融资成本问题的对策

（1）推动利率市场化

利率市场化是指资金借贷的价格（利率）由金融市场的供求关系决定，金融机构能够根据金融市场中资金的供求关系及其对市场的预期自主调节利率水平，最终形成以中央银行基准利率为基础，由市场资金供求关系决定金融机构存贷款利率的市场利率体系和利率形成机制。同样的道理，在金融体系中，资金价格也应发挥资金配置功能，这个资金价格就是利率，如果利率是被管制的，那么资金市场中资金借贷肯定是扭曲的或错配的，资金资源配置也必是非有效的。因此，目前迫切需要建立市场供求的利率形成机制，以提高资金配置效率，推进利率形成及调整机制。SJ公司应做好以下四点关注：

①关注贷款利率的定价机制，是固定利率还是浮动利率，要求必须使用以央行贷款基准利率为基础的浮动利率模式（PSL贷款除外），以防范利率风险。

②关注利率的调整机制，不能由银行单方面决定利率调整，应双方约定或以央行公布的基准利率为基数进行调整。

③关注罚息的约定，区别逾期罚息和挪用罚息，一般情况下逾期罚

息低于挪用罚息，按照央行的规定，逾期罚息加收30%~50%，挪用罚息加收50%~100%，要求罚息利率按下限执行。

④关注结息条款，一般情况下为按季结息。

（2）规范管理成本，解决成本主体失控

对于政府付费和可行性缺口补助的PPP项目，投资控制应以政府为主体，实施机构作为第一责任人，SPV有责任、有义务建立内部控制制度，主动协助实施机构进行投资控制。对于纯使用者付费、SPV在特许范围内自主经营、自负盈亏的PPP项目，投资控制应以SPV为主体，社会资本方作为第一责任人，政府授权实施机构监管并积极协助。一般出现了两种极端情况：一种情况是行业主管、实施机构、SPV等，均对项目投资控制没有意识，似乎都认为与自己无关；另一种情况是社会资本方竭力与政府争夺投资控制权，力主由其自行引入第三方造价咨询机构。这两种情况均不正常，会给将来的竣工决算和投资认定埋下隐患。SJ公司在此问题上应该做好规范会计核算，准确反映PPP业务状况。

①规范界定合并范围。文件要求按照实质重于形式原则，综合股权出资比例，合作方投资性质，与合作方的关联方关系，项目融资、建设和运营的参与程度，风险回报分担机制，合作协议或章程约定等事项进行项目控制权的判断；对确属无控制权的PPP项目，应当建立单独台账，动态监控项目的经营和风险状况，严防表外业务风险。

②足额计提资产减值准备。重点关注实际运营情况与项目可研预期差距较大、合作方付款逾期等减值迹象，足额计提资产减值准备，通过计提资产减值准备来真实反映企业的资产状况。

③规范核算项目收益。“合理划分和规范核算各阶段收益”解读：股份公司正在制定PPP项目财务管理办法，平滑PPP项目生命周期的收入、利润、税收等指标，调整各参与主体的经济关系。

6.2.4.3 运营期融资成本问题的对策

（1）严格控制融资规模和融资结构

严格规模控制，防止推高债务风险。

①设立中央企业PPP业务规模上限。累计对PPP项目的净投资（直接或间接投入的股权和债权资金、由企业提供担保或增信的其他资金之和，减去企业通过分红、转让等收回的资金）原则上不得超过上一年度集团合并净资产的50%。

②子企业PPP业务管控规模。明确相关子企业PPP业务规模上限；资产负债率高于85%或近2年连续亏损的子企业不得单独投资PPP项目。

③意味着上级公司需要向各子企业下达PPP业务规模上限；对于资产负债率高于85%或近2年连续亏损的子企业，不得单独投资PPP项目，必须与满足条件的其他子企业共同实施PPP项目。

（2）引入PPP引导基金，解决项目需求错配问题

通过引入PPP引导基金的方式，可以达到将分散的社会资金进行归集，形成资金的规模化，并可以发挥投资规模化的优势，同时可以建立投资组合、降低成本、获得在规模与效益方面的好处。政府可以避免与分散的社会资本方进行谈判，这样就能提高融资效率，从而大幅度降低融资成本。引入产业基金时，首先，应当注意注重结构化和杠杆效应。在产业基金中，银行等金融机构作为优先级，其他投资者作为中间级或劣后级，其他投资者以少量资金撬动金融机构出资，存在杠杆效应。其次，银行等金融机构通常只作为财务投资人，不参与基金与所投资项目的具体运作，本质上是明股实债。最后，兼具非标与类固收的特征。

产业基金的投资领域、投资范围和投资方式不同，很难标准化。但在实践过程中，由于对项目有严格增信要求，回报率通常也有保障，又有类固收的特点，可以达到以下三点引入目的：①减轻社会资本方的财

务压力，释放杠杆效应。②参与联合体投标。绝大部分PPP项目招标文件中均要求联合体成员必须为企业法人，但基金多为有限合伙企业。③在特定条件下也可以通过表外融资降低企业负债率。

引入基金考虑的因素包括：①规模：多大合适。②结构：平层、双劣后、单劣后、中间级、权益基金、远期认缴。③期限：与项目期限是否匹配，是否存在后期并表及追溯调整。④成本：是否高于收益。⑤收益支付：建设期收益如何支付，项目公司利润分配不足的情况下如何保障基金收益（资金占用费、股权维持费、顾问费等）。

第7章
结论及展望

7.1
研究结论
7.2
研究展望

7.1 研究结论

PPP作为一种新型项目运作模式，目前已经在国内推广运用，它不仅可以撬动社会资本，平滑政府财政支出，还能创新公共产品供给体系。由于PPP项目时间长和不确定性风险因素较多，传统银行贷款和项目债存在期限较短和杠杆率较高导致融资成本增加，难以满足PPP项目融资实际需求的情况。因此，PPP融资模式逐步向股权融资靠拢，变相融资、兜底回报、明股实债等伪PPP项目相继出现。2017年11月21日，国资委192号文要求央企不得引入“明股实债”类股权资金进行PPP项目融资。2018年3月28日，财政部23号文要求金融企业不得对存在“明股实债”和“股东借款”的PPP项目提供融资支持，对以债务性资金充当项目资本金做出详细的规定。在此情况下，PPP融资出现了股权融资和债务融资的双重困境。

基于上述背景，全书在文献回顾和理论研究的基础上，以SJ公司为研究对象，运用实地调研法、案例研究法和问卷调查等方法，对SJ公司PPP项目融资的现状、问题及对策进行研究，并形成以下研究结论：

第一，SJ公司在PPP项目运作中存在政策规范的要求和表外融资的需求，并通过PPP项目资本金融资模式来实现自身的需求。但是，SJ公司在PPP项目资本金融资模式整改前过分注重表外融资的需求，产生了明股实债问题，不符合政策的规范要求。在PPP项目资本金融资模式整改时，SJ公司又未能有效把握政策的规范要求和自身的出表需求，导致PPP项目资本金融资模式在整改后产生大量负面影响。为此，SJ公司在未来PPP项目运作中，必须有效融合政策规范的要求和表外融资的需求，才能促进PPP业务的健康可持续发展。

第二，为避免PPP项目并表，SJ公司在PPP项目资本金融资时先后引入信托计划、产业基金、财务投资人，此类主体不符合PPP模式“伙伴关系、利益共享、风险共担”的要求，产生了代持股和资本金债务化问题，PPP项目存在较高的合规风险。为此，必须要进一步拓展自身的项目资本金融资思维，充分发挥财务投资人的专业能力，将其转变为战略投资者，并积极寻求与建筑承包商、项目运营商、政府引导基金等战略投资者进行合作，确保PPP项目表外运作的规范性。

第三，SJ公司曾运用大量自有资金承接亟待退出的债务性资金，形成PPP项目资本金表内融资模式。但是，当PPP项目处于建设期时，项目公司存在较高的财务杠杆，在运用表内融资模式后，一方面会增加自有资金占用规模，降低项目的投资效率和效益；另一方面，还会推高资产负债率，压缩了PPP项目的投资空间，导致其面临较高的资产负债率监管压力。为此，SJ公司可以针对存量PPP项目的资本金缺口发行永续债，避免因开展PPP业务推高资产负债率，也可以提升自身的PPP项目投资潜力。同时可以在PPP项目运营期向项目公司提供过桥贷款，取得对项目公司的债权，然后以“股权收益权”和“债权”作为标的资产，发行资产证券化产品，从而减少自有资金的占用时间，盘活投入

PPP项目的资金，提升项目投资效率和效益。

第四，债务融资方面，SJ公司PPP项目主要采用银行贷款方式，存在资金来源单一和落地难的问题。根据实证分析，宏观环境和项目特质因素对融资风险有交叉影响，以项目特质因素影响最为显著，其中以项目质量、成本主体失控和项目需求错配较为显著。增信能力和渠道优劣性因素对PPP项目增信措施产生影响，以渠道优劣性影响较为显著，其中以渠道评估、贷款依赖程度和渠道时间错配的影响较为显著。增信能力、渠道优劣性和项目特质对融资渠道产生交叉影响，以项目特质和增信能力影响较为显著，其中增信能力以信用评价体系、贷款条件和贷款审批流程的影响较为显著。宏观环境和项目特质因素对融资成本存在交叉影响，以宏观环境影响最为显著，其中以政策多变性、银行贷款利率变动和风险分担政策的影响较为显著。

第五，结合债务融资影响因素的分析结果，公司可从以下几个方面进行改善：（1）针对PPP项目融资风险问题，项目前期应有效缓解政策风险和合规性风险，建设期合理降低信用风险和有效规避市场风险，运营期应科学管理利益相关方违约风险并完善PPP项目风险分担机制的建设。（2）针对PPP项目增信措施问题，项目前期应有效控制增信主体错配、改善项目增信能力；建设期应提高各投资方增信意愿、扩展增信方式；运营期应优化增信流程和提高未来现金流。（3）针对PPP项目融资渠道问题，项目前期应优化融资渠道环境、引入合理的渠道评估方法；项目建设期应拓宽债务融资渠道、弱化贷款依赖程度；项目运营期应加强金融机构参与度和优化渠道匹配度。（4）针对PPP项目融资成本问题，项目前期应做好项目的选择，提高项目质量和财政能力评估的准确性；项目建设期应推动利率市场化，优化金融延伸服务；项目运营期可以引入PPP其他债务融资模式并规范对融资规模的控制。

7.2 研究展望

全书是基于对SJ公司的情况进行的研究，由于研究条件和水平有限，仍存有以下亟待解决的问题：

第一，随着财办金〔2017〕92号文的发布，我国PPP模式正式由“野蛮生长”进入“规范发展”的新阶段，对PPP项目的规范操作和违规行为进行了明确的界定，因此，社会资本方需要按照制度的要求，开展PPP项目资本金融资工作。而国有建筑施工企业如何在规范运作的基础上设计出符合自身需求的PPP项目资本金表外融资模式，关系到未来国有建筑施工企业PPP业务的发展状况，也是学术界和实务界下一步需要重点关注的问题。

第二，国有建筑施工企业为缓解资产负债率的管控压力，筹措PPP项目所需的资本金，可以发行永续债，并于PPP项目运营期开展资产证券化活动。因此，未来国有建筑施工企业在PPP项目资本金融资时可以考虑应用“永续债+资产证券化”方案，后续学者可以从具体方案设计和两种金融产品的时点衔接出发，开拓出全新的PPP项目融资研究领域。

第三，研究过程中虽然SJ公司的PPP项目专家给予了大力支持，但是目前国内参与PPP项目的大型企业还有很多，不同类型的企业对PPP项目全生命周期债务融资问题的看法会有所不同，只有加大调查样本的差异性，才能更全面地对相关问题进行研究。此外，全书采用文献分析法以及问卷调查法总结出了影响SJ公司PPP项目全生命周期债务融资问题的各类因素，但随着我国PPP项目规模的不断扩大与完善，这些影响因素可能会被新的因素所取代，同时还会出现新的PPP项目全生命周期债务融资问题，这是我们无法提前预知的，也是全书的不足之处。

References

参考文献

[1] BEEFERMAN L. Pension fund investment in infrastructure: A resource paper [R]. working paper, 2008.

[2] BOSCOIANU M, PRELIPEAN G, CALEFARIU E, et al. Innovative instruments for SME financing in Romania–a new proposal with interesting implications on markets and institutions [J]. Procedia Economics and Finance, 2015 (32): 240–255.

[3] BROADBENT J, LAUGHLIN R .Accounting choices: Technical and political trade - offs and the UK ' s private finance initiative [J] . Accounting Auditing & Accountability Journal, 2002, 15 (5): 622–654.

[4] DECAELO-SOUZA P, BARKER W C.Innovative public-private partnership models for road pricing/BRT initiatives [J]. Journal of Public Transportation, 2005, 8 (1): 57–78.

[5] DEMIRAG I, KHADAROO I, STAPLETON P, et al.Risks and the financing of PPP: Perspectives from the financiers [J]. British Accounting Review, 2011, 43 (4): 294–310.

[6] EHRLICH M, TIONG R L K.Improving the assessment of economic foreign exchange exposure in public-private partnership infrastructure projects [J]. Journal of Infrastructure Systems, 2012 (8), 18 (2): 57–67.

[7] GATTI S. Project finance in theory and practice: Designing, structuring, and financing private and public projects [M]. PA: Academic Press, 2008.

[8] GOTTWALD M, BECKER A B, et al.Public Private Partnerships in lead discovery: Overview and case studies [J]. Archiv Der Pharmazie,

2016, 47 (45): 692-697.

[9] GRIMSEY D, LEWIS M K.Evaluating the risks of public private partnerships for infrastructure projects [J]. International Journal of Project Management, 2002, 20 (2): 107-118.

[10] GRIMSEY D, LEWIS M. Public Private Partnerships: The worldwide revolution in infrastructure provision and project finance [M]. MA: Edward Elgar Publishing , 2004.

[11] HODGE G, GREVE C, BOARDMAN A. Public - Private partnerships: The way they were and what they can become [J]. Australian Journal of Public Administration, 2017, 76 (3): 273-282.

[12] Levitt R E, Eriksson K.Developing a governance model for PPP infrastructure service delivery based on lessons from Eastern Australia [J]. Journal of Organization Design, 2016, 5 (1): 7-15.

[13] OJHA S, PANDEY I M. Management and financing of e - government projects in India: Does financing strategy add value? [J]. IIMB Management Review, 2017, 29 (2): 90-108.

[14] RICCIO L J.Commentary: Public-private partnerships: Pitfalls and possibilities [J]. Public Administration Review, 2014 (1): 50-51.

[15] SMYTH S, WHITFIELD D . Maintaining market principles: Government auditors, PPP equity sales and hegemony [C]. Accounting Forum, 2016.

[16] SPACKMAN M.Public - private partnerships: Lessons from the British approach [J]. Economic Systems, 2002, 26 (3): 283-301.

[17] WEBER B, ALFEN H W. Infrastructure as an asset class: Investment strategy, project finance and PPP [M]. NJ: John Wiley & Sons, 2010.

[18] WILLEM V D G, NUNEZ - FERRER J. Appropriate financial

instruments for public-private partnership to boost cross-border infrastructural development-EU experience [R]. working paper, 2011.

[19] 艾冰，陆小成．政府工程采购PPP融资的模式比较与风险防范 [J]. 求索，2008（4）：19-21.

[20] 蔡浩．PPP在我国面临的挑战及商业银行应对 [J]. 银行家，2015（11）：46-49，7.

[21] 蔡绍兴．基于PPP模式的国有建筑企业项目再融资探析 [J]. 财会月刊，2019（S1）：92-94.

[22] 曹洪华，李艳，彭邦文．地方政府债务风险分析和PPP债务融资方式创新研究 [J]. 宏观经济管理，2017（S1）：211-212.

[23] 陈华，王晓．中国PPP融资模式存在问题及路径优化研究 [J]. 宏观经济研究，2018（3）：81-88.

[24] 程清．PPP项目资产证券化亟待解决的法律问题研究 [J]. 上海金融，2017（9）：67-73.

[25] 崔志娟，李雪．PPP规范政策下的投资合规风险管控 [J]. 会计之友，2018（22）：117-120.

[26] 邓宗俭．审计视角下PPP项目资产证券化风险与政策建议 [J]. 武汉金融，2017（2）：55-58.

[27] 董家友，杜乐其．PPP理论与项目操作实务 [M]. 北京：法律出版社，2017：120-123.

[28] 杜红静．我国PPP项目的融资困境与对策建议 [J]. 价值工程，2017，36（32）：51-52.

[29] 高若兰，闫蕾，董雯．新建PPP项目和存量PPP资产的出路探析 [J]. 管理现代化，2018，38（4）：8-12.

[30] 郭上，聂登俊．关于PPP项目财务顾问费的思考 [J]. 中国财政，2018（3）：50-51.

[31] 郭上，伍家颖，聂登俊．关于PPP项目“小股大债”融资模

式的思考［J］. 经济研究参考，2017（61）：54-58.

［32］郭雪萌，王卓君. 中国PPP项目落地难现象探究——基于地方政府管理效能视角［J］. 财会月刊，2019（10）：104-111.

［33］郭雁南. 项目收益债：地方融资新模式［J］. 决策，2016（8）：60-61.

［34］何雪锋，陈静利，张鑫. 对“伪PPP”说不：将商业项目包装成PPP的博弈分析［J］. 财会月刊，2018（15）：77-81.

［35］胡恒松，孙久文. PPP项目可融资性研究：指标体系与融资建议［J］. 开发研究，2019（4）：144-151.

［36］胡恒松，孙久文. 基于PPP项目构建多层次融资体系［J］. 甘肃社会科学，2018（1）：140-145.

［37］胡祖铨. 固定资产投资项目资本金制度研究［J］. 宏观经济管理，2015（11）：76-78.

［38］黄华珍. 最严新政如何影响PPP项目资本金融资［J］. 新理财（政府理财），2017（12）：58-61.

［39］霍永超. 建筑企业PPP项目产业基金融资模式分析［J］. 交通财会，2017（11）：18-20.

［40］吉富星. PPP市场面临的挑战［J］. 中国金融，2017（8）：54-55.

［41］吉富星. 提质提效，规范推进PPP［J］. 银行家，2018（2）：56-58.

［42］吉富星. 新形势下PPP融资困境与出路［J］. 银行家，2018（4）：40-42，6.

［43］贾康，孙洁. 公私伙伴关系（PPP）的概念、起源、特征与功能［J］. 财政研究，2009（10）：2-10.

［44］姜威. PPP基金导致“高杠杆”和“不并表”加剧债务风险问题解析［J］. 中国财政，2017（23）：59-61.

[45] 金永祥，宋雅琴，秦迪. 提质增效背景下PPP项目资本金制度的反思与重构［J］. 中国财政，2018（13）：36-38.

[46] 黎毅，邢伟健，魏成富. PPP项目资本金“明股实债+小股大债”模式研究［J］. 金融与经济，2018（6）：78-83.

[47] 黎毅，邢伟健，魏成富. 规范运作背景下PPP项目资本金融资的反思与重构［J］. 经济问题，2018（8）：32-39.

[48] 李家俊，张宏伟. PPP项目新政对建筑央企的影响及应对策略［J］. 商业会计，2018（13）：21-23.

[49] 李嘉辉，李思瑶. 财务视角下PPP项目资产证券化风险探析［J］. 财务与会计，2018（7）：50-52.

[50] 李娟. 严监管下商业银行参与PPP项目研究［J］. 技术经济与管理研究，2018（5）：71-75.

[51] 李凯风. 城镇基础设施建设PPP融资模式风险管理研究［J］. 求索，2016（1）：109-113.

[52] 李利娜. 高速公路建设PPP融资模式探讨［J］. 改革与战略，2015，31（3）：53-55.

[53] 李澎，赵阳光，孟春. PPP模式助力地方政府投融资创新［J］. 中国财政，2017（6）：39-40.

[54] 李彦华，杨星宇，牛蕾，等. 基于犹豫模糊互补偏好的PPP融资模式选择群决策研究［J］. 中北大学学报（自然科学版），2018，39（2）.

[55] 李艳茹，卢小广. 基于PPP融资模式的农村饮水安全工程可持续性评价研究［J］. 生态经济，2015，31（4）：137-140.

[56] 李英攀，刘名强，王芳，等. 基于PPP模式的大型建筑企业项目融资渠道选择［J］. 财会月刊，2017（23）：56-63.

[57] 林华. PPP与资产证券化［M］. 北京：中信出版社，2016：84-88.

[58] 林丽. 基础设施PPP融资模式风险分担研究 [J]. 财会通讯, 2018 (35): 107-110, 129.

[59] 刘薇. PPP模式理论阐释及其现实例证 [J]. 改革, 2015 (1): 78-89.

[60] 刘旭芳. PPP项目融资难的原因及对策探究 [J]. 财会通讯, 2018 (17): 24-27.

[61] 刘振宇, 李泽正. 金融机构参与PPP项目的若干重点问题 [J]. 宏观经济管理, 2016 (10): 56-60.

[62] 刘正凡, 武爱民, 林立. 对建立项目资本金制度的几点思考 [J]. 投资研究, 1996 (6): 6-13.

[63] 由瑞凯. PPP管理新政对建筑施工企业的影响及其应对策略 [J]. 建筑经济, 2018, 39 (7): 5-8.

[64] 侍苏盼. 商业银行参与PPP项目融资法律风险防控研究 [J]. 金融理论与实践, 2016 (6): 64-67.

[65] 宋博, 武瑞娟, 牛发阳. 基于OWA与灰色聚类的城市轨道交通PPP融资风险评价方法研究 [J]. 隧道建设, 2017, 37 (4): 435-441.

[66] 孙汉康. 浅析政府与社会资本合作项目 (PPP) 资产证券化 [J]. 金融理论与实践, 2019 (2): 71-78.

[67] 孙南申. PPP模式投资风险的法律规制 [J]. 国际商务研究, 2018, 39 (3): 12-24.

[68] 孙旭东, 李志军, 谢海金. PPP融资模式在城市基础设施工程中的应用研究——以南昌市红谷隧道工程为例 [J]. 隧道建设 (中英文), 2018, 38 (S1): 28-31.

[69] 汪雯娟, 彭翔, 王波, 等. 基于风险偏好的PPP项目风险分担博弈优化模型 [J]. 工程经济, 2018, 28 (2): 31-35.

[70] 王冰. PPP模式下项目收益债券的发展 [J]. 武汉金融,

2015（12）：51-52.

[71] 王刚，何利辉. 我国PPP项目的融资困境与对策建议 [J]. 宏观经济管理，2017（1）：75-78，85.

[72] 王经绫，李帆，闫嘉韬. PPP项目证券化特征 [J]. 中国金融，2018（3）：75-77.

[73] 王平. PPP债券市场融资路径探索 [J]. 中国财政，2017（12）：46-47.

[74] 王有龙. 政府与社会资本合作（PPP）模式中的金融对策研究——基于对甘肃省张掖市民乐县的调查 [J]. 金融理论与实践，2017（6）：110-113.

[75] 王远胜. 突破PPP融资瓶颈：项目整体营业证券化试探 [J]. 证券市场导报，2016（5）：4-9，16.

[76] 王赟，邱杰，关之烨，等. 表外融资需求下的PPP项目资本金融资实操解析 [J]. 中国勘察设计，2017（12）：78-83.

[77] 王卓君，郭雪萌，李红昌. 地区市场化进程会促进地方政府选用PPP模式融资吗？——基于基础设施领域的实证研究 [J]. 财政研究，2017（10）：54-64，91.

[78] 魏加威，王建忠，王斌，等. 产业扶贫引入社会资本的PPP融资模式研究——以河北省威县资产收益型扶贫模式为例 [J]. 财会通讯，2017（32）：8-10，129.

[79] 吴波. 浅谈PPP模式的发展 [J]. 武汉金融，2017（1）：38-41.

[80] 吴建忠，詹圣泽，陈继. PPP融资与运营模式创新研究——以荔榕高速“PPP+EPC+运营期政府补贴”模式为例 [J]. 工业技术经济，2018，37（1）：49-56.

[81] 吴凌畅. PPP资产证券化中收益权的转让与破产隔离问题——以首批PPP项目资产支持专项计划为例 [J]. 证券市场导报，

2017（10）：12-19.

[82] 吴伟，丁承，鲁阳晋．混合所有制背景下的PPP模式与投行创新思路［J］．新金融，2014（7）：31-37.

[83] 吴学敏，王欣．资管新规下PPP项目融资困境及未来路径探寻［J］．福建金融，2019（7）：64-71.

[84] 谢玉梅，许于欣，习志雄．产业基金共享PPP项目投资收益研究［J］．会计之友，2018（14）：69-71.

[85] 邢勇．对商业银行PPP业务发展的思考［J］．银行家，2017（9）：49-50.

[86] 宿辉，陆元亮．基于实证的PPP项目再谈判触发机制研究［J］．建筑经济，2019，40（5）：45-48.

[87] 徐建平，方培江，汤长金，等．PPP模式中商业银行面临的风险及应对策略［J］．金融与经济，2017（12）：84-87.

[88] 杨宝昆，刘芳．PPP项目全生命周期融资管理研究［J］．建筑经济，2019，40（11）：54-62.

[89] 杨瑞龙，周业安．一个关于企业所有权安排的规范性分析框架及其理论含义——兼评张维迎、周其仁及崔之元的一些观点［J］．经济研究，1997（1）：12-22.

[90] 杨雪琴，刘敏．PPP项目融资风险的影响因素及对策［J］．商业经济研究，2016（18）：172-173.

[91] 杨也容．PPP投融资模式在高速铁路项目中的应用［J］．财会通讯，2017（23）：13-17，129.

[92] 杨志宏，邱凯．金融支持PPP模式的国际经验及启示［J］．中国财政，2016（7）：43-44.

[93] 叶芳．多边开发银行参与基础设施项目投资空间分布的影响因素——基于世界银行PPI数据库的实证分析［J］．财政研究，2017（10）：65-75.

［94］叶斐．新疆推广PPP模式存在的问题与建议［J］．财会研究，2016（11）：15-17．

［95］于丹丹．资产证券化在PPP项目中的应用［J］．财会通讯，2018（23）：17-20，129．

［96］余文恭．PPP模式与结构化融资［M］．北京：经济日报出版社，2017：182-186．

［97］余应敏，胡贤辉．PPP项目资本金融资问题探讨［J］．财务与会计，2018（10）：54-55．

［98］袁世喆．新政策环境下的PPP融资解决方案［J］．国际融资，2018（12）：19-23．

［99］张海星，张宇．PPP模式：多维解构、运作机制与制度创新［J］．宁夏社会科学，2015（6）：83-89．

［100］张霁阳，蔡庆丰，郜晓雯．“新常态”下银行资金参与PPP的风险防控——基于地方政府财政承受能力的评估［J］．上海金融，2017（12）：42-47．

［101］张杰．银行参与PPP的“双轨”战略［J］．中国金融，2017（13）：88-89．

［102］张颂嘉，淡志强．浅谈PPP模式下我国商业银行的应对策略［J］．经济研究参考，2018（34）：40-44．

［103］张望军，星焱，马雪娇．我国PPP项目资产证券化的障碍、风险与对策［J］．中国财政，2017（10）：41-43．

［104］张晓青．在政府和社会资本合作模式之下商业银行的业务机会与策略探讨［J］．农村金融研究，2015（4）：56-60．

［105］张祎．基于层次分析法的PPP项目融资渠道选择探究［J］．河南工程学院学报（社会科学版），2012，27（2）：38-41．

［106］张志红，张伟民．基于全生命周期的PPP规范化管理［J］．中国财政，2018（12）：23-24．

[107] 赵双剑，林木西. 浅析中国PPP融资难问题 [J]. 技术经济与管理研究，2018（4）：72-76.

[108] 钟志平. PPP模式下大型建筑企业项目融资渠道选择的分析 [J]. 财会学习，2018（25）：201，208.

[109] 朱振鑫，杨芹芹. 商业银行参与PPP的模式 [J]. 中国金融，2017（8）：49-51.

Appendix

附录1

剔除PPP项目公司后的SJ公司合并现金流量表（2019年度）

单位：元

项目	SJ公司合并数	A项目	B项目	C项目	D项目	E项目	F项目	H项目	J项目	反向抵销		剔除后合计数
	2019年度	2019年度	2019年度	2019年度	2019年度	2019年度	2019年度	2019年度	2019年度	借方	贷方	
一、经营活动产生的现金流量：												
销售商品、提供劳务收到的现金	85 266 476 911.45									1 401 117 567.26		86 667 594 478.71
收到的税费返还	3 874 618.02											3 874 618.02
收到其他与经营活动有关的现金	448 126 591.63	134 765 252.63	1 134 814.72	46 517.52	277 733.41	161 467.18	57 376.46	84 304.25	816 545.29			310 782 580.17
经营活动现金流入小计	85 718 478 121.10	134 765 252.63	1 134 814.72	46 517.52	277 733.41	161 467.18	57 376.46	84 304.25	816 545.29	1 401 117 567.26		86 982 251 676.90
购买商品、接受劳务支付的现金	71 687 740 058.76											71 687 740 058.76
支付给职工以及为职工支付的现金	5 011 040 500.21											5 011 040 500.21
支付的各项税费	3 578 695 913.01	36 697.47	105 290.75									3 578 553 924.79
支付其他与经营活动有关的现金	394 516 461.66	227 691.53	1 138 975.45	143 178.00	1 606.51	92 135.33	1 249.96	670.95	855 485.87			392 055 468.06

续表

项目	SJ公司合并数	A项目	B项目	C项目	D项目	E项目	F项目	H项目	J项目	反向抵销		剔除后合计数
	2019年度	2019年度	2019年度	2019年度	2019年度	2019年度	2019年度	2019年度	2019年度	借方	贷方	
经营活动现金流出小计	80 671 992 933.64	264 389.00	1 244 266.20	143 178.00	1 606.51	92 135.33	1 249.96	670.95	855 485.87			8 066 938 9 951.82
经营活动产生的现金流量净额	5 046 485 187.46	134 500 863.63	−109 451.48	−96 660.48	276 126.90	69 331.85	56 126.50	83 633.30	−38 940.58	1 401 117 567.26		6 312 861 725.08
二、投资活动产生的现金流量：												
收回投资收到的现金	327 460 000.00	23 163 000.00	1 050 000.00									303 247 000.00
取得投资收益收到的现金	107 515 304.73											107 515 304.73
处置固定资产、无形资产和其他长期资产收回的现金净额	2 426 825.11											2 426 825.11
投资活动现金流入小计	437 402 129.84	23 163 000.00	1 050 000.00									413 189 129.84
购建固定资产、无形资产和其他长期	2 040 683 181.14	31 132 500.00	410 053 232.39	508 348 843.59	204 497 034.04	70 062 439.69	220 827 100.06	5 702 457.50	27 164 986.29		1 401 117 567.26	1 964 012 154.84
投资支付的现金	1 096 878 810.35										550 421 655.00	1 647 300 465.35
投资活动现金流出小计	3 137 561 991.49	31 132 500.00	410 053 232.39	508 348 843.59	204 497 034.04	70 062 439.69	220 827 100.06	5 702 457.50	27 164 986.29		1 951 539 222.26	3 611 312 620.19
投资活动产生的现金流量净额	−2 700 159 861.65	−7 969 500.00	−409 003 232.39	−508 348 843.59	−204 497 034.04	−70 062 439.69	−220 827 100.06	−5 702 457.50	−27 164 986.29		1 951 539 222.26	−3 198 123 490.35

续表

项目	SJ公司合并数	A项目	B项目	C项目	D项目	E项目	F项目	H项目	J项目	反向抵销		剔除后合计数
	2019年度	2019年度	2019年度	2019年度	2019年度	2019年度	2019年度	2019年度	2019年度	借方	贷方	
三、筹资活动产生的现金流量：												
吸收投资收到的现金	3 125 265 150.00			121 644 600.00	136 195 500.00		249 359 355.00	52 500 000.00	52 500 000.00	550 421 655.00		3 063 487 350.00
其中：吸收少数股东投资的现金	223 653 150.00							5 250 000.00				218 403 150.00
取得借款收到的现金	483 000 000.00			420 000 000.00	63 000 000.00							0.00
收到其他与筹资活动有关的现金	857 860 327.19		409 500 000.00		8 711 350.20							439 648 976.99
筹资活动现金流入小计	4 466 125 477.19		409 500 000.00	541 644 600.00	207 906 850.20		249 359 355.00	52 500 000.00	52 500 000.00	550 421 655.00		3 503 136 326.99
偿还债务支付的现金	5 367 398.24	5 250 000.00										117 398.24
分配股利、利润或利息支付的现金	1 126 313 897.18	36 362 999.12		650 270.84		6 733 232.93						1 082 567 394.29
筹资活动现金流出小计	1 131 681 295.43	41 612 999.12		650 270.84		6 733 232.93						1 082 684 792.53
筹资活动产生的现金流量净额	3 334 444 181.76	−41 612 999.12	409 500 000.00	540 994 329.16	207 906 850.20	−6 733 232.93	249 359 355.00	52 500 000.00	52 500 000.00	550 421 655.00		2 420 451 534.46
四、汇率对现金及现金等价物的影响	−273 161.54											−273 161.54
五、现金及现金等价物净增加额	5 680 496 346.03	84 918 364.51	387 316.15	32 548 825.09	3 685 943.06	−76 726 340.77	28 588 381.44	46 881 175.80	25 296 073.13			5 534 916 607.65
加：期初现金及现金等价物余额	15 695 748 496.83	20 512 703.86	1 658 166.89	19 359 916.72	3 071 465.63	91 491 612.48	55 756.30					1 555 959 8 874.95
六、期末现金及现金等价物余额	21 376 244 842.86	105 431 068.37	2 045 483.04	51 908 741.81	6 757 408.69	14 765 271.71	28 644 137.74	46 881 175.80	25 296 073.13			2 109 451 5 482.60

Appendix

附录2

剔除PPP项目公司后的SJ公司合并资产负债表（2019年年末）

单位：元

项目	SJ公司合并报表	A项目	B项目	C项目	D项目	E项目	F项目	H项目	J项目	反向抵销		剔除后数据
	2019年年末	2019年年末	2019年年末	2019年年末	2019年年末	2019年年末	2019年年末	2019年年末	2019年年末	借方	贷方	
流动资产：												
货币资金	22 274 472 183.46	105 431 068.37	2 045 483.04	51 908 741.81	6 757 408.69	14 765 271.71	28 644 137.74	46 881 175.80	25 296 073.13			21 992 742 823.17
应收票据及应收账款	9 268 542 807.28											9 268 542 807.28
预付款项	1 493 141 902.89											1 493 141 902.89
其他应收款	3 305 398 275.12	1 337 280.00	61 896.30	52 680.89	13 780.83	41 790.00	842 972.85	5250 000.00	10 500 000.00	1 512 234 951.77		4 799 532 826.02
存货	3 928 134 483.51											3 928 134 483.51
合同资产	2 813 884 086.41											2 813 884 086.41
一年内到期的非流动资产	1 019 341 752.93											1 019 341 752.93
其他流动资产	2 367 441 868.20	0.00	20 887 796.88	16 505 357.93	0.00	3 109 806.70	26 024 191.95	24 926.14	1 341 275.34			2 299 548 513.26

续表

项目	SJ公司合并报表	A项目	B项目	C项目	D项目	E项目	F项目	H项目	J项目	反向抵销		剔除后数据
	2019年年末	2019年年末	2019年年末	2019年年末	2019年年末	2019年年末	2019年年末	2019年年末	2019年年末	借方	贷方	
流动资产合计	46 470 357 359.80	106 768 348.37	22 995 176.22	68 466 780.63	6 771 189.52	17 916 868.41	55 511 302.54	52 156 101.94	37 137 348.47	1 512 234 951.77		47 614 869 195.47
非流动资产：												
债权投资	2 185 358 647.16											2 185 358 647.16
长期应收款	1 448 116 606.63	959 097 747.08	0.00	0.00	0.00	0.00	0.00	0.00	0.00			489 018 859.55
长期股权投资	2 548 947 998.56									14 587 97284.91		4 007 745 283.47
其他权益工具投资	285 296 565.78											285 296 565.77
投资性房地产	21 922 984.14											21 922 984.14
固定资产	4 369 203 764.03	0.00	336712.40	65011.54	278001.30	0.00	2 914.64	0.00	37 673.09			4368 483 451.06
在建工程	804 138 073.26											804 138 073.26
无形资产	494 436 887.12	0.00	2706.69	0.00	0.00	0.00	0.00	0.00	0.00			494 434 180.43
开发支出	3 809 121.79											3 809 121.79
长期待摊费用	54 663 527.93											54 663 527.93
递延所得税资产	401 955 619.67	1 206 576.67	1 441 920.97	843 976.71	254 238.61	4 286 118.90	830 070.80	534.42	19 295.18			393 072 887.41
其他非流动资产	8 562 433 006.68	19 027.45	1 340 372 840.49	601 272 495.29	222 611 927.95	316 577 656.02	701 706 658.08	425 393.70	15 375 006.82			5 364 072 000.88
非流动资产合计	21 180 282 802.75	960 323 351.20	1 342 154 180.55	602 181 483.54	223 144 167.86	320 863 774.92	702 539 643.52	425 928.12	15 431 975.09	1 458 797 284.91		18 472 015 582.85

续表

项目	SJ公司合并报表	A项目	B项目	C项目	D项目	E项目	F项目	H项目	J项目	反向抵销		剔除后数据
	2019年年末	2019年年末	2019年年末	2019年年末	2019年年末	2019年年末	2019年年末	2019年年末	2019年年末	借方	贷方	
资产总计	67 650 640 162.53	1 067 091 699.57	1 365 149 356.77	670 648 264.17	229 915 357.38	338 780 643.33	758 050 946.06	52 582 030.06	52 569 323.56	2 971 032 236.68		66 086 884 778.32
流动负债：												
应付票据及应付账款	38 690 312 708.03	2 769 994.34	4 545 821.90	1 354 524.99	0.00	124 924 .81	0.00	0.00	0.00			38 681 517 441.99
预收款项	2 792 476.58											2 792 476.58
合同负债	7 759 047 704.11											7 759 047 704.11
应付职工薪酬	204 421 246.43											204 421 246.43
应交税费	206 688 579.92	471 988 .27	5 527 .46	−3 517 .07	67 258 .06	−6 493 .57	5 252 .08	20 908 .33	15 577 .71			206 112 078.65
其他应付款	3 552 104 621.24	73 751 407.80	820 194 575.07	60 292 246.44	6 237 105.00	74 728 030.32	484 644 953.74	0.00	81 786 .40		1 519 834 122.38	3 552 008 638.85
一年内到期的非流动负债	28 623 880.09											28 623 880.09
其他流动负债	1 749 310 603.98											1 749 310 603.98
流动负债合计	52 193 301 820.37	76 993 390.41	824 745 924.43	61 643 254.36	6 304 363.06	74 846 461.56	484 650 205.82	20 908 .33	97 364 .11		1 519 834 122.38	52 183 834 070.68
非流动负债：												
长期借款	1 381 049 507.12	729 750 000.00	0.00	420 000 000.00	63 000 000.00	168 000 000.00	0.00	0.00	0.00			299 507 .12
长期应付款	117 752 293.62											117 752 293.62
长期应付职工薪酬	201 134 014.54											201 134 014.54

续表

项目	SJ公司合并报表	A项目	B项目	C项目	D项目	E项目	F项目	H项目	J项目	反向抵销		剔除后数据
	2019年年末	2019年年末	2019年年末	2019年年末	2019年年末	2019年年末	2019年年末	2019年年末	2019年年末	借方	贷方	
预计负债	15 111 785.08											15 111 785.08
递延所得税负债	44 225 817.92	0.00	10 090 055.65	4 760 734.99	234 218 .67	2 587 462.13	4 005 971.22	0.00	0.00			22 547 375.26
其他非流动负债	24 616 938.21											24 616 938.21
非流动负债合计	1 783 890.49	729 750 000.00	10 090 055.65	424 760 734.99	63 234 218.67	170 587 462.13	4 005 971.22	0.00	0.00			381 461 913.83
负债合计	53 977 192 176.86	806 743 390.41	834 835 980.08	486 403 989.35	69 538 581.73	245 433 923.69	488 656 177.04	20 908 .33	97 364 .11		1 519 834.38	52 565 295 984.51
所有者权益：												
实收资本	6 491 246.49	262 500 000.00	504 000 000.00	172 494 000.00	160 230 000.00	98 252 201.25	52 500 000.00	52 500 000.00	52 500 000.00		1 354 976.25	6 491 246.49
资本公积	3 315 104.53	0.00	0.00	0.00	0.00	0.00	207 359 355.00	0.00	0.00		207 359 355.00	3 315 104.53
其他综合收益	68 066 562.97											68 066 562.97
盈余公积	933 121 010.02	11 119 .80	2 631 337.67	1 172 368.06	14 677 .56	19 052 .33	953 541 .40	6 112 .18	0.00		4 808 209.00	933 121 010.02
未分配利润	2 512 477.94	−2 162 810.64	23 682 039.02	10 577 906.76	132 098 .09	−4 924 533.94	8 581 872.62	55 009 .55	−28 040 .55	44 858 214.08	73 172 584.38	2 504 878.33
归属于母公司的所有者权益合计	13 320 015 860.95											13 312 416 690.34
少数股东权益	353 432 124.72									144 260 021.25		209 172 103.47
所有者权益合计	13 673 447 985.67	260 348 309.16	530 313 376.69	184 244 274.82	160 376 775.65	93 346 719.64	269 394 769.02	52 561 121.73	52 471 959.45	189 118 235.33	1 640 316.63	13 521 588 793.81
负债和所有者权益总计	67 650 640 162.53	1 067 091.57	1 365 149.77	670 648 264.17	229 915 357.38	338 780 643.33	758 050 946.06	52 582 030.06	52 569 323.56	189 118 235.33	3 160 150.01	66 086 884 778.32

Appendix

附录3

剔除PPP项目公司后的SJ公司合并利润表（2019年度）

单位：元

项目	SJ公司合并报表	A项目	B项目	C项目	D项目	E项目	F项目	H项目	J项目	反向抵销		剔除后数据
	2019年度	2019年度	2019年度	2019年度	2019年度	2019年度	2019年度	2019年度	2019年度	借方	贷方	
一、营业总收入	81 260 192 602.61	0.00	0.00	0.00	0.00	0.00	0.00	0.00	0.00			81 260 192 602.61
二、营业总成本	79 403 546 923.19	2 997 845.87	-34 805 604.55	-15 667 249.32	-196 047.15	6 794 627.05	-12 759 623.20	-81 495.65	37 387.40			79 424 549 884.24
其中：营业成本	76 386 053 544.34	0.00	0.00	0.00	0.00	0.00	0.00	0.00	0.00			76 386 053 544.34
税金及附加	273 956 369.60	0.00	0.00	0.00	0.00	0.00	0.00	0.00	0.00			273 956 369.60
销售费用	49 849 338.34	0.00	0.00	0.00	0.00	0.00	0.00	0.00	0.00			49 849 338.34
管理费用	1 606 002 681.37	224 836.53	0.00	0.00	0.00	0.00	0.00	0.00	0.00			1 605 777 844.84
研发费用	1 294 144 359.25	0.00	0.00	0.00	0.00	0.00	0.00	0.00	0.00			1 294 144 359.25
财务费用	-338 646 403.21	-2 053 297.33	-40 573 288.42	-18 485 244.84	-1 213 001.60	5 311 628.78	-16 079 906.40	-83 633.30	-39 793.31			-265 429 866.79
其中：利息费用	52 870 978.55	36 362 999.12	0.00	650 270.84	0.00	15 788 432.93	0.00	0.00	0.00			69 275.66
利息收入	307 612 549.13	38 416 817.25	40 573 913.72	19 139 599.45	1 214 608.11	10 478 186.00	16 081 261.36	84 094.25	41 693.22			181 582 375.77

续表

项目	SJ公司合并报表	A项目	B项目	C项目	D项目	E项目	F项目	H项目	J项目	反向抵销		剔除后数据
	2019年度	2019年度	2019年度	2019年度	2019年度	2019年度	2019年度	2019年度	2019年度	借方	贷方	
资产减值损失	497 698.81	0.00	0.00	0.00	0.00	0.00	0.00	0.00	0.00	4 191 737.09		4 689 435.90
信用减值损失	274 231 950.77	4 826 306.67	5 767 683.87	2 817 995.52	1 016 954.45	1 482 998.27	3 320 283.20	2 137.65	77 180.71			254 920 410.43
资产处置损失	650 133.02	0.00	0.00	0.00	0.00	0.00	0.00	0.00	0.00			650 133.02
加：其他收益	2 561 887.21	0.00	0.00	0.00	0.00	0.00	0.00	0.00	0.00			2 561 887.21
投资收益	140 630 861.89	0.00	0.00	0.00	0.00	0.00	0.00	0.00	0.00		36 868 935.59	177 499 797.48
三、营业利润	1 856 645 679.42	−2 997 845.87	34 805 604.55	15 667 249.32	196 047.15	−6 794 627.05	12 759 623.19	81 495.65	−37 387.40			1 835 642 718.37
加：营业外收入	19 722 601.19	0.00	0.00	0.00	0.00	0.00	0.00	0.00	0.00			19 722 601.19
减：营业外支出	14 529 855.38	0.00	0.00	0.00	0.00	34.59	0.00	0.00	0.00			14 529 820.79
四、利润总额	1 861 838 425.23	−2 997 845.87	34 805 604.55	15 667 249.32	196 047.15	−6 794 661.64	12 759 623.19	81 495.65	−37 387.40			1 840 835 498.77
减：所得税费用	320 776 239.26	−734 956.96	8 743 235.78	3 916 758.27	48 925.21	−1 698 656.77	3 178 471.35	20 373.92	−9 346.85			307 311 435.31
五、净利润	1 541 062 185.97	−2 262 888.91	26 062 368.77	11 750 491.05	147 121.94	−5 096 004.87	9 581 151.84	61 121.73	−28 040.55			1 533 524 063.46
其中：归属于母公司的净利润	1 535 187 798.30											1 527 649 675.80
少数股东损益	5 874 387.67										3 346 385.44	2 528 002.23

Appendix

附录4

SJ公司在A项目中的自有资金现金流量测算表

金额单位：万元

序号	项目	合计	建设期	运营维护期								
			2017年	2018年	2019年	2020年	2021年	2022年	2023年	2024年	2025年	2026年
1	现金流入	166 545.02	8 554.35	10 014.98	16 119.66	16 001.83	16 786.50	17 617.91	18 500.52	19 437.66	20 432.69	23 078.92
1.1	可用性服务费	138 962.85	0.00	1 961.40	14 176.05	14 872.20	15 612.45	16 396.80	17 229.45	18 113.55	19 052.25	21 548.70
1.2	可用性服务费销项税额	8 337.77	0.00	117.68	850.56	892.33	936.75	983.81	1 033.77	1 086.81	1 143.14	1 292.92
1.3	运维绩效服务费	2 012.85	0.00	223.65	223.65	223.65	223.65	223.65	223.65	223.65	223.65	223.65
1.4	运维绩效服务费销项税额	122.85	0.00	13.65	13.65	13.65	13.65	13.65	13.65	13.65	13.65	13.65
1.5	施工利润	17 108.70	8 554.35	7 698.60	855.75	0.00	0.00	0.00	0.00	0.00	0.00	0.00
2	现金流出	126 982.16	23 072.70	12 514.53	12 160.08	11 955.07	11 857.07	11 584.35	11 340.68	11 141.26	10 914.45	10 441.97
2.1	项目资本金	21 000.00	21 000.00	0.00	0.00	0.00	0.00	0.00	0.00	0.00	0.00	0.00

续表

序号	项目	合计	建设期	运营维护期								
			2017年	2018年	2019年	2020年	2021年	2022年	2023年	2024年	2025年	2026年
2.2	借款本金偿还（i=4.9%）	81270.00	0.00	8295.00	8347.00	8551.00	8872.00	9034.00	9233.00	9486.00	9724.00	9728.00
2.3	借款利息支付	22576.46	2072.70	3982.23	3575.78	3166.77	2747.77	2313.05	1870.38	1417.96	953.15	476.67
2.4	运营维护费	2012.85	0.00	223.65	223.65	223.65	223.65	223.65	223.65	223.65	223.65	223.65
2.5	运营维护费进项税额	122.85	0.00	13.65	13.65	13.65	13.65	13.65	13.65	13.65	13.65	13.65
3	所得税前净现金流量	39562.86	−14518.35	−2499.55	3959.58	4046.76	4929.43	6033.56	7159.84	8296.40	9518.24	12636.95
4	所得税	9890.71	0.00	0.00	0.00	0.00	0.00	487.85	1789.96	2074.10	2379.56	3159.24
5	所得税后净现金流量	29672.15	−14518.35	−2499.55	3959.58	4046.76	4929.43	5545.71	5369.88	6222.30	7138.68	9477.71
6	所得税后净现金流量现值（ic=4.9%）	17304.37										
7	IRR	20.18%										
8	MIRR（r=12%）	16.44%										

注：r为再投资报酬率，i为银行贷款利率，ic为折现率，资料来源于SJ公司A项目整改后的可研报告。

附录5

问卷调查表

SJ公司PPP项目全生命周期债务融资研究调查问卷

尊敬的先生/女士：

您好！这是一项关于SJ公司PPP项目债务融资问题及对策的问卷调查表，主要是为了了解SJ公司PPP项目债务融资存在的主要问题和成因，并以此为出发点，提出合理的对策。您的支持和配合，我们表示真诚的感谢！

PPP项目融资研究课题组

2019年5月5日

第一部分：基本情况

（请在相应的选项上划“√”，除非有特殊说明，项目都为单选项）

1.您所在单位：

A.集团公司 B.子公司 C.项目公司

2.您所在的部门：

A.设计部 B.工程部 C.运营部 D.财务部 E.综合管理部 F.维护部 G.其他

3.您参与过的PPP项目领域（可多选）：

A.公共交通 B.市政工程 C.生态建设和环保 D.水利建设 E.能源 F.教育 G.科技 H.文化 I.养老 J.医疗 K.农业 L.旅游 M.片区开发 N.设施 O.体育 P.社会保障 Q.供排水 R.其他

4.您参与的PPP项目回报机制（可多选）：

A.政府付款 B.使用者付款 C.可行性缺口补贴

续表

5.您参与的PPP项目总规模： A.20亿元以下　B.20亿～40亿元（不含）　C.40亿～60亿元（不含）　D.60亿～80亿元（不含）E.80亿元以上
6.您的职称： A.初级　B.中级　C.高级
7.您的性别： A.男性　B.女性
第二部分：我国PPP项目债务融资现状 本部分包括两个方面，1～9为PPP项目总体债务融资方式，10～15为PPP项目全生命周期融资，其中，10和11为项目前期，12和13为项目建设期，14和15为项目运营期。（请您结合过往经验和实际情况在五个选项中做选择，并划“√”，除非有特殊说明，项目都为单选）
一．PPP项目债务融资方式
（一）银行贷款
1.银行贷款作为PPP项目债务融资方式依约出资的情况： A.基本没有　B.部分　C.一般　D.比较多　E.全部
2.PPP项目债务融资中，银行贷款占项目总投资比例： A.0～20%（不含）　B.20%～40%（不含）　C.40%～60%（不含）　D.60%～80%（不含）　E.80%以上
3.PPP项目债务融资中，采用银行贷款的资金成本（以银行5年期贷款利率为基准利率）： A.基准利率上浮5%　B.基准利率上浮10%　C.基准利率　D.基准利率下浮5%　E.基准利率下浮10%　F.其他
（二）债券融资
4.债券资金参与PPP项目债务融资依约出资的情况： A.基本没有　B.部分　C.一般　D.比较多　E.全部

续表

5.PPP项目债务融资中，债券资金出资比例： A.0~20%（不含） B.20%~40%（不含） C.40%~60%（不含） D.60%~80%（不含） E.80%以上
6.PPP债务融资引入债券资金的成本： A.0~5%（不含） B.5%~10%（不含） C.10%~20%（不含） D.20%~30%（不含） E.30%以上
（三）资产证券化
7.资产证券化参与PPP项目债务融资依约出资的情况： A.基本没有 B.部分 C.一般 D.比较多 E.全部
8.PPP项目债务融资中，资产证券化出资比例： A.0~20%（不含） B.20%~40%（不含） C.40%~60%（不含） D.60%~80%（不含） E.80%以上
9.PPP债务融资引入资产证券化的成本： A.0~5%（不含） B.5%~10%（不含） C.10%~20%（不含） D.20%~30%（不含） E.30%以上
二、PPP项目全生命周期债务融资现状
（一）项目前期
10.PPP项目前期债务融资资金来源（可多选）： A.银行贷款 B.社会资本 C.政府资金 D.保险资金 E.养老资金 F.银行理财 G.信托资金 H.社保基金 I.资产管理机构资金
11.PPP项目前期债务融资的参与形式主要包括（可多选）： A.银行贷款 B.项目专项债 C.项目收益债券 D.可转换债券 E.永续债 F.中期票据 G.资产证券化 H.融资租赁 I.其他
（二）项目建设期
12.PPP项目建设期债务融资资金来源（可多选）： A.银行贷款 B.社会资本 C.政府资金 D.保险资金 E.养老资金 F.银行理财 G.信托资金 H.社保基金 I.资产管理机构资金

续表

13.PPP项目建设期债务融资的参与形式主要包括（可多选）： A.银行贷款 B.项目专项债 C.项目收益债券 D.可转换债券 E.永续债 F.中期票据 G.资产证券化 H.融资租赁 I.其他
（三）项目运营期
14.PPP项目运营期债务融资资金来源（可多选）： A.银行贷款 B.社会资本 C.政府资金 D.保险资金 E.养老资金 F.银行理财 G.信托资金 H.社保基金 I.资产管理机构资金
15.PPP项目运营期债务融资的参与形式主要包括（可多选）： A.银行贷款 B.项目专项债 C.项目收益债券 D.可转换债券 E.永续债 F.中期票据 G.资产证券化 H.融资租赁 I.其他
第三部分：SJ公司PPP项目债务融资模式存在的主要问题 本部分内容分为四个方面，从空间维度和时间维度分析。其中空间维度包括风险性问题（1～6）、增信措施问题（7～12）、融资渠道问题（13～18）及融资成本问题（19～24），时间维度包括项目前期、建设期和运营期。（请您结合过往经验和实际情况在五个选项中做选择，并划"√"，除非有特殊说明，项目都为单选）
一、PPP项目债务融资面临的风险性问题
（一）项目前期
1.当前PPP项目债务融资在项目前期存在政策性风险的情况： A.基本没有 B.不多 C.一般 D.比较多 E.特别普遍
2.当前PPP项目债务融资在项目前期存在合规风险的情况： A.基本没有 B.不多 C.一般 D.比较多 E.特别普遍
（二）项目建设期
3.当前PPP项目债务融资在建设期存在信用风险的情况： A.基本没有 B.不多 C.一般 D.比较多 E.特别普遍

续表

4.当前PPP项目债务融资在建设期存在市场风险的情况： A.基本没有　B.不多　C.一般　D.比较多　E.特别普遍
（三）项目运营期
5.当前PPP项目债务融资在运营期存在利益相关方违约的风险： A.基本没有　B.不多　C.一般　D.比较多　E.特别普遍
6.当前PPP项目债务融资在运营期存在风险无法合理分担的风险： A.基本没有　B.不多　C.一般　D.比较多　E.特别普遍
二、PPP项目债务融资面临的增信措施问题
（一）项目前期
7.PPP项目公司在项目前期债务融资方案运用中本应是融资增信主体，但在实际中，社会资本方成为融资增信的主体的情况： A.基本没有　B.不多　C.一般　D.比较多　E.特别普遍
8.由于项目公司增信能力有限，贷款机构更愿意选择传统的股东担保、抵押、质押方式的情况： A.基本没有　B.不多　C.一般　D.比较多　E.特别普遍
（二）项目建设期
9.在项目运营期，可以利用作为PPP项目债务融资增信措施的方式过于单一的情况： A.基本没有　B.不多　C.一般　D.比较多　E.特别普遍
10.社会资本作为最大股东愿意提供担保等“强增信”的意愿低的情况： A.基本没有　B.不多　C.一般　D.比较多　E.特别普遍
（三）项目运营期
11.现有PPP项目债务融资方式单一背景下，增信流程过于复杂和烦琐的情况： A.基本没有　B.不多　C.一般　D.比较多　E.特别普遍
12.在项目运营期，增信措施不确定性导致债务融资难上加难的情况： A.基本没有　B.不多　C.一般　D.比较多　E.特别普遍

续表

三、PPP项目债务融资面临的融资渠道问题
(一) 项目前期
13.当前PPP项目社会资本在项目前期获得债务资金难度大的问题: A.基本没有　B.不高　C.一般　D.比较高　E.特别高
14.现有PPP项目债务融资在项目前期存在债务融资渠道选择困难的问题: A.基本没有　B.不高　C.一般　D.比较高　E.特别高
(二) 项目建设期
15.现有PPP项目债务融资在建设期存在资金渠道利用不全面导致融资困难的问题: A.基本没有　B.不高　C.一般　D.比较高　E.特别高
16.现有PPP项目债务融资在建设期存在融资形式过于单一导致融资困难的问题: A.基本没有　B.不高　C.一般　D.比较高　E.特别高
(三) 项目运营期
17.现有PPP项目债务融资在运营期存在渠道匹配度不足导致融资困难的问题: A.基本没有　B.不高　C.一般　D.比较高　E.特别高
18.现有PPP项目债务融资在运营期存在社会资本方及相关金融机构参与度低导致融资困难的问题: A.基本没有　B.不高　C.一般　D.比较高　E.特别高
四、PPP项目债务融资面临的融资成本问题
(一) 项目前期
19.目前PPP项目前期银行贷款成本高导致PPP债务融资成本高的问题: A.基本没有　B.不多　C.一般　D.比较多　E.特别普遍
20.PPP项目前期物有所值评价成本高导致债务融资成本高的问题: A.基本没有　B.不多　C.一般　D.比较多　E.特别普遍

续表

（二）项目建设期					
21.PPP项目建设期由项目公司负责的建设成本过高导致债务融资成本高的问题： A.基本没有 B.不多 C.一般 D.比较多 E.特别普遍					
22.PPP项目建设期施工管理成本过高导致债务融资成本高的问题： A.基本没有 B.不多 C.一般 D.比较多 E.特别普遍					
（三）项目运营期					
23.PPP项目运营期债务融资受融资结构的影响造成债务融资成本高的问题： A.基本没有 B.不多 C.一般 D.比较多 E.特别普遍					
24.PPP项目运营期债务融资受融资期限长短的影响造成债务融资成本高的问题： A.基本没有 B.不多 C.一般 D.比较多 E.特别普遍					
第四部分：导致SJ公司PPP项目债务融资问题的影响因素 本部分内容包括宏观环境影响因素（1～6）、增信能力影响因素（7～12）、渠道优劣性影响因素（13～18）、项目特质影响因素（19～24）四个部分。（请您结合过往经验和实际情况在五个选项中做选择，并划“√”，除非有特殊说明，项目都为单选）					
一、导致SJ公司PPP项目全生命周期债务融资的宏观环境影响因素					
（一）项目前期					
1.政策文件多变性导致项目协议不符合政策的风险	完全不同意	不同意	一般同意	同意	完全同意
2.PPP项目技术变革导致项目相关违规操作的问题	完全不同意	不同意	一般同意	同意	完全同意
（二）项目建设期					
3.国家利率政策变动，金融机构的放贷利率上升的情况	完全不同意	不同意	一般同意	同意	完全同意

续表

4.相关债务融资市场多变性导致无法规避市场风险	完全不同意	不同意	一般同意	同意	完全同意
（三）项目运营期					
5.由于外部条件多变性导致的利益相关方倾向于选择对自身更有利的结果，从而导致违约风险	完全不同意	不同意	一般同意	同意	完全同意
6.由于风险分担政策导致PPP项目在未来的长期风险控制和分担较难	完全不同意	不同意	一般同意	同意	完全同意
二、导致SJ公司PPP项目全生命周期债务融资的增信能力影响因素					
（一）项目前期					
7.贷款机构更愿意选择传统的股东担保、抵押、质押方式导致项目公司增信主体错配	完全不同意	不同意	一般同意	同意	完全同意
8.信用评级体系的改变有可能导致信用风险	完全不同意	不同意	一般同意	同意	完全同意
（二）项目建设期					
9.政策调整后，缺乏政府方担保的PPP项目融资成本增加	完全不同意	不同意	一般同意	同意	完全同意
10.部分愿意提供担保等“强增信”的社会资本不符合金融机构的贷款条件	完全不同意	不同意	一般同意	同意	完全同意
（三）项目运营期					
11.商业银行在PPP项目贷款审批流程过于复杂和烦琐	完全不同意	不同意	一般同意	同意	完全同意

续表

12.以收费权或特许经营权质押进行“有限追索”融资与实践中传统的担保、抵押和质押错配	完全不同意	不同意	一般同意	同意	完全同意
三、导致SJ公司PPP项目全生命周期债务融资的渠道优劣性影响因素					
（一）项目前期					
13.金融机构参与PPP项目债务融资的法律环境有待放松	完全不同意	不同意	一般同意	同意	完全同意
14.缺乏合理的方法对现有的债务融资渠道加以评估和选择	完全不同意	不同意	一般同意	同意	完全同意
（二）项目建设期					
15.PPP债务融资过度依赖商业银行贷款和政策贷款	完全不同意	不同意	一般同意	同意	完全同意
16.金融机构参与PPP债务融资的限制大导致渠道形式单一	完全不同意	不同意	一般同意	同意	完全同意
（三）项目运营期					
17.现有债务融资工具融资期限与PPP项目时间错配	完全不同意	不同意	一般同意	同意	完全同意
18.匹配PPP项目全生命周期特征的债务融资市场参与度不够	完全不同意	不同意	一般同意	同意	完全同意
四、导致SJ公司PPP项目全生命周期债务融资的项目特质影响因素					
（一）项目前期					
19.PPP项目本身质量参差不齐使得采取银行贷款时资金成本过高	完全不同意	不同意	一般同意	同意	完全同意

续表

20.PPP项目本身缺乏足够的资产进行抵押和担保	完全不同意	不同意	一般同意	同意	完全同意
（二）项目建设期					
21.运营期预期收益率偏差影响融资结构，造成债务融资成本高	完全不同意	不同意	一般同意	同意	完全同意
22.项目建设期成本主体失控导致无法选择更适宜的融资渠道，从而增加PPP项目管理成本	完全不同意	不同意	一般同意	同意	完全同意
（三）项目运营期					
23.运营期未来现金流量仍具有不确定性造成增信不确定性	完全不同意	不同意	一般同意	同意	完全同意
24.PPP项目需求错配及融资期限不匹配影响融资成本的增加	完全不同意	不同意	一般同意	同意	完全同意
第五部分：SJ公司PPP项目债务融资的对策建议					
针对以上PPP项目债务融资存在的问题，您有什么建议？					

索引